욕심을 버리고
예의를 실천해요

욕심을 버리고 예의를 실천해요

이명수 지음

㈜자음과모음

책머리에

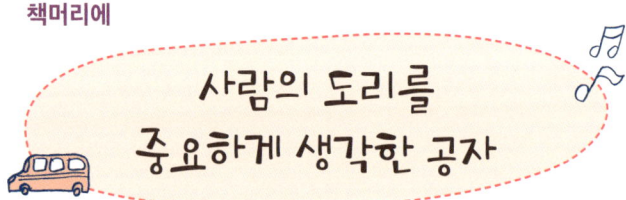
사람의 도리를
중요하게 생각한 공자

    우리가 이 세상에 나와 사노라면 나 이외에 부모, 가족, 친척, 동네, 국가, 나아가 드넓은 세계가 있음을 알게 된다. 여기서 나는 한 개인으로서 '사회와 국가, 세계를 위해 해야 할 일은 무엇인가?'라는 질문에 부딪히게 된다. 공자는 이러한 '나의 역할'에 대해 설파한 성인이다. 사람들은 하늘과 땅 아래서 타인과 더불어 사회를 이루고 살면서 때로는 전쟁을 일으켜 서로를 죽이기도 하고, 또 평화롭게 어울려 살기도 한다.

    공자는 사람들이 자신의 욕심을 채우기 위해 다른 사람의 것을 빼앗으며 살아가는 모습을 보고, 그런 삶은 불행할 수밖에 없다는 생각을 가졌다. 그리하여 사람으로서 이 세상에서 해야 할 일이 무엇인가를 걱정하고, 그것을 우리에게 가르쳐 주었다. 이것이 바로 '도(道)'이다. 도는 다른 말로 표현하면 진리이다. 공자는 우리가 살아가는 일상생활에서 끊임없이 진리를 찾으라고 당부했다.

공자가 찾은 진리는 나의 욕심을 이겨 내고 남에게 이바지하는 지혜를 요구한다. 그것이 바로 어진 삶의 태도이다. 이러한 가르침을 위해 이 세상에 왔듯이, 공자는 어느 날 한국의 한 초등학교 교실에 나타나 이 세상에서 우리가 행해야 할 진리를 가르친다.

우리가 이 책에서 접하는 내용 대부분은 『논어』에서 가지고 왔다. 어떤 경우에는 시간적 배경과 장소를 오늘날의 한국에 맞추어 공자가 말하고자 하는 내용을 그대로 담으려고 노력했다.

아무쪼록 이 글이 학생 여러분들에게 참된 길과 진리, 사랑, 효도, 남을 배려하는 태도 등을 알려 주는 좋은 길라잡이가 되었으면 좋겠다.

이명수

차례

책머리에 사람의 도리를 중요하게 생각한 공자　4
프롤로그 서울로 전학 가는 찬호, 학교가 두려워　14

1 서울로 전학 오다

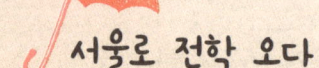

찬호의 첫 등교　21
사람은 왜 공부를 할까?　26
찬호의 새 친구들　33

　철학자의 생각　38
　즐거운 독서 퀴즈　40

2 내가 하나 더 먹으면 못 먹는 사람이 있다

급식 시간에 생긴 일 　 45
어젊에 대해 배우다 　 58
어젊이란 남을 배려하는 마음 　 63
수연이의 신발주머니가 사라졌다! 　 68
은진이가 바보는 아냐 　 76

　철학자의 생각　 86
　즐거운 독서 퀴즈　 88

3 진리와 사랑은 가까운 곳에 있다

과학실 귀신 　 93
진리는 허무맹랑한 것이 아니다 　 98

　철학자의 생각　 107
　즐거운 독서 퀴즈　 110

4 모르면 모른다고 말해!

으, 괴로운 시험! 💧 115
우등생 되는 법 💧 118
생각과 공부는 함께 💧 122
시도도 않고 포기하다니 💧 125
결국은 모두 내가 하는 것 💧 128

철학자의 생각　134
즐거운 독서 퀴즈　136

5 좋은 친구란 무엇일까?

영호의 생일 초대 💧 141
참된 친구란? 💧 147
좋은 친구 사귀기 💧 153

철학자의 생각　157
즐거운 독서 퀴즈　160

6 효는 사랑을 실천하는 뿌리

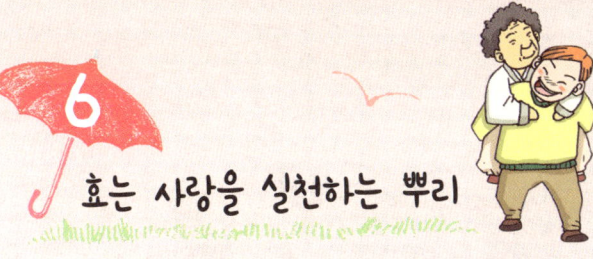

경주에서 뭉친 세 친구 🌢 165
효도를 다하라 🌢 170
부모님이 잘못하시면? 🌢 175
엄마 아빠 사랑해요 🌢 179
나의 결심 🌢 184

    철학자의 생각　187
    즐거운 독서 퀴즈　190

네 생각은 어때? 문제 풀이　192

등장인물

찬호

시골에서 서울로 전학 온 저팔계 찬호는 새로운 환경이 낯설기만 하다. 하지만 같은 반 손오공 오건이, 사오정 기태와 금방 친해진다. 부모님이 돼지 농장을 하시다가 학교 앞에서 문방구와 떡볶이 가게를 여는 바람에 친구들한테 들킬까 봐 부모님 가게를 피해 다니기 바쁘다. 서울 학교에서 처음 경험하는 다툼과 여러 사건을 경험하면서 어리둥절하지만 지혜로운 해결사인 짱구 박사 선생님의 공자 이야기를 들으며 사람의 도리와 세상의 이치를 하나하나 알아 간다.

오건

얼굴이 원숭이처럼 생겨서 손오공이 연상되는 오건이는 찬호와 금방 친구가 된다. 활달하고 아는 것이 많고 첫째가는 질문왕이지만 말이 많고 자신이 아는 걸 남한테 너무 자랑하는 게 흠이다. 짱구 박사 선생님이 '어진 사람은 그 말하는 것이 조심스럽다.'라는 공자님 말씀을 오건이에게 들려주자 고개를 푹 떨군다. 분명 깨달은 바가 있을 것이다.

기태

말을 잘 못 알아듣고 엉뚱한 대답을 잘해서 사오정이라는 별명을 가진 기태. 하지만 보는 눈이 매우 정확하고 글자 이해력이 높아 시험 성적은 좋다. 기태는 성격이 온화해서 친구들과 잘 지내는데, 저팔계 찬호, 손오공 오건이와 함께 서유기 삼총사가 되어 심각한 일이 생기면 '마귀 손 벤치'에 모여 똘똘한 해결책을 내놓는다.

짱구 박사 선생님

학급의 다툼과 사건 사고를 항상 지혜롭게 해결해 주시는 담임 선생님. 환경 미화원 아빠를 둔 은진이의 솔선수범, 나의 욕심 때문에 다른 친구가 급식을 못 먹게 된 일, 아는 체하는 것과 진정 아는 것의 의미, 참된 친구가 되는 법 등 점점 이기주의에 물들어 가는 아이들에게 공자의 어짊과 예를 들려주면서 사람의 참된 도리와 세상 이치를 깨닫게 해준다.

가까운 곳에서부터 '어짊'을 행하라
공자

유학을 창시한 고대 중국의 사상가. 어릴 때 아버지를 여의고 홀어머니 밑에서 가난하게 자란 공자는 여러 나라를 떠돌면서 자신의 윤리·정치 사상을 전파하다가 늙어서는 제자를 양성하는 데 매진했다. 영원한 고전 『논어』는 공자의 삶이 담긴 언행록이다. 자신의 윤리적 이상을 실현하기 위해 교육에 힘쓴 공자는 출신이나 사회적 지위를 가리지 않고 제자를 받아들였다. 공자는 인[仁, 어짊]과 예(禮)를 사람이 지켜야 할 중요한 도리로 꼽았는데, 모든 사람을 대할 때 '인'을 실천하라고 강조했다. "무릇 어진 사람은 자기가 서려고 하면 남을 세워주고 자기가 이루고자 하면 남을 이루게 해준다." 이 말의 의미는 다른 사람이 소중한 존재라는 생각은 결국 다툼 없는 평화롭고 이상적인 사회를 만들어 내며, 이런 이상적인 사회가 곧 '예'를 갖춘 사회라는 것이다.

프롤로그

서울로 전학 가는 찬호, 학교가 두려워

　전학은 정말 싫다. 경주에서 태어나 한 번도 이곳을 벗어난 적이 없었는데……. 30분 이상을 걸어가야 하는 학교였지만 오가는 길에 만나는 냇물과 나무들, 늘 그 자리에 있는 돌멩이들까지 모두 나의 친구였다. 계절이 바뀔 때마다 모습을 달리하는 이 길을 다시는 걸을 수 없고, 또 볼 수도 없게 되다니…….

　거기다 친구들과 헤어질 생각을 하면 눈물이 핑 돌고 만다. 영식이, 기태, 철호…… 모두 둘도 없는 내 친구들이다. 녀석들과 주먹질하며 싸우는 일도 가끔은 있었지만 그래도 정이 깊이 들었다.

아빠는 왜 하필 서울로 이사를 간다는 걸까? 아빠가 돼지 농장을 하는 것이 조금 불만이긴 했지만 그래도 여기서 사는 것이 좋다. 찬호라는 이름이 있는데도 친구들이 뚱뚱한 나를 '돼지 농장집 저팔계'라고 부르는 것이 싫어서 '아빠가 다른 일을 했으면…….' 하고 바란 적은 있었다. 그렇다고 이사를 원한 건 아니었다.

며칠 전 저녁에 엄마와 아빠가 교육 문제도 있고, 또 돼지 기르는 일이 힘에 부쳐서 서울로 가야겠다고 하시는 말씀을 듣기는 했다. 설마 했는데, 바로 어제 서울로 이사 간다는 말씀을 하셨다. 서울에서 문방구를 하시겠다는 것이다. 내가 새로 전학 갈 학교에 적응하도록 방학 중에 옮길 거라는 말씀도 하셨다. 지금이 겨울 방학 중이니 서둘러 이사 갈 거란다.

중학생 누나는 이사 소식에 팔짝팔짝 뛰며 좋아했다. 그렇잖아도 친구들이 돼지 똥 냄새가 난다고 놀렸는데, 이제 그런 걱정은 안 해도 될 거라며 벌써 마음은 서울 사람이 다 된 것처럼 굴었다.

"그게 참말이가? 나는 진작 가고 싶었는데…….''

그러더니 금세 서울 말씨를 흉내 내며 말했다.

"아 참, 그게 아니지. 엄마, 정말이에요? 얼마나 가고 싶었다고요. 아이 좋아라."

누나는 이제 서울 특별 시민이 된다며 서울 가면 요즘 푹 빠져 있는 그룹의 리더를 제일 먼저 보러 가겠다고 야단이다.

"누야, 서울 산다고 연예인 다 보는 줄 아나? 어데 사는 줄도 모르면서……."

언짢은 내 마음은 아랑곳하지 않고 마냥 좋아하는 누나가 얄미워서 나는 쏘아붙였다.

"왜 못 보나? 거기 어디냐, 여의도 가면 방송국에서 다 볼 수 있다 하더라."

누나는 어쩜 저렇게 철이 없을까? 서울 아이들은 모두가 새침하고 쌀쌀맞다는데, 시골에서 왔다고 나를 놀리지는 않을까?

고모 집에 가느라고 서울에 몇 번 가 본 적이 있다. 자동차도 너무 많고 공기가 나빠서 나는 서울이 그다지 좋지 않았다.

서울에서 정말 잘 지낼 수 있을까? 친구들과는 아직 작별 인사도 제대로 못 나눴다. 등굣길에 만났던 나무와 돌멩이들에게도 작별 인사를 해야 하는데……. 이곳을 떠나면 그렇게 싫어했던 돼지 똥 냄새마저 그리울 것 같다.

아무래도 전학은 내키지 않아. 낯선 곳, 낯선 학교, 낯선 친구들…….

정든 곳을 떠나야 한다는 슬픔과 낯선 곳에 대한 두려움을 안은 채 겨울밤은 그렇게 깊어 갔다.

옛날에 배우는 자들은 자신을 위해 공부했는데
지금 배우는 자들은 남에게 뽐내기 위해 공부한다.
— 『논어』, 「헌문」

서울로 전학 오다

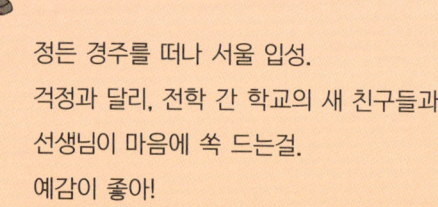

정든 경주를 떠나 서울 입성.
걱정과 달리, 전학 간 학교의 새 친구들과
선생님이 마음에 쏙 드는걸.
예감이 좋아!

찬호의 첫 등교

　엄마와 아빠는 계획대로 내가 다닐 학교 앞에 문방구를 열고, 근처에 우리가 살 집을 구하셨다. 누나는 버스를 타고 다섯 정거장 정도 가야 하는 중학교로 전학을 했다. 나는 우리 집 문방구 바로 앞에 있는 학교로 등교하게 되었다. 30분 이상 걸어야 하는 시골 학교를 다니다가 3분도 안 걸리는 학교를 다니게 되니 그것만은 편했다. 집을 나와 몇 걸음만 걸으면 학교니까 말이다. 나쁜 점도 있다. 엄마 아빠의 눈이 항상 학교 근처에 있으니 불만이다. 행동 하나하나 감시를 받는 기분이다. 학교에서 좀 더 먼 곳에 문방구를 내실 것이지, 하필 학교 코앞이 뭐람.

이사 온 새 집에서 나머지 방학을 보내고 마침내 개학을 맞았다. 등교 첫날이 되니 긴장되었다. 친구들 모두 새 학년이 되는 것이니 나만 새로 온 아이는 아닐 텐데도 먼 곳에서 왔다는 생각이 친구들과의 거리감을 만들었다. 사투리를 알아채고 시골 아이라고 놀리지나 않을까? 낯선 학교, 낯선 친구들에 대한 불안감으로 마음이 복잡했다.

교실에 들어서니 모든 아이들이 자리에 앉아 있었다. 아는 친구들끼리는 깔깔거리며 얘기를 나누고 있고, 대부분은 서로 모르는지 조용히 앉아 있었다.

"야, 사오정! 너랑 또 같은 반이냐? 아…… 2년째 사오정의 동문서답을 들어야 하다니, 으!"

저쪽에서 웬 아이가 누군가를 보고 떠들었다. 이렇게 말하면 기분 나쁠 수도 있겠지만, 그 아이를 보니 왠지 키 작고 원숭이처럼 생긴 손오공이 떠올랐다. '머리에 띠 하나 두르고 여의봉만 들고 있으면 완전히 손오공이잖아?' 이런 생각을 하면서 키득거리는데, 사오정이라고 불린 아이가 대꾸하는 소리가 들렸다.

"나랑 같은 반이 돼서 좋다고? 아, 나도 좋아. 우리 잘 지내자."

왜 사오정이라고 하는지 알겠다. 이 무슨 엉뚱한 대답이지? 귀가 잘 안 들리나? 아니면 원래 농담을 잘하는 아이일까? 키도 크고 덩치도 좋은 녀석인데, 겉모습과 말하는 건 영 딴판인 것 같았다. 그때 나를 저팔계라고 놀리던 시골 친구들이 생각났다. 별명을 부르면 가끔 기분이 나빴지만, 친한 사이에서만 부를 수 있는 것이 별명이니까 친구란 걸 느끼게 해 주기도 하는 것이다. 그러니 별명을 주고받는 저 두 녀석도 틀림없이 친할 것이다. 나도 저런 친구가 빨리 생겼으면 좋겠다.

그때 교실 문이 드르륵 열리며 선생님이 들어오셨다. 모두들 의자에 등을 붙이고 긴장하며 앉았다. 아빠와 비슷한 연배로 보이는 남자 선생님이었다. 얼굴 가득 편안한 웃음을 짓고 계시는 선생님의 모습에 아이들 모두 긴장이 조금 풀렸다.

"짱구 박사다······."

누군가 소곤대는 말에 몇몇 아이들이 쿡쿡 웃었고, 그 웃음소리에 나머지 아이들도 덩달아 크게 웃었다. 나 역시 따라 웃다 보니 어깨의 긴장이 저절로 풀렸다.

정말이지 선생님의 모습은 짱구 박사 같았다. 귓불이 큼

직하게 늘어진 모습이 꼭 사찰 벽화에서 보았던 부처님이 떠올랐다. 이마가 앞으로 나왔기에 짱구 박사라는 별명이 딱 어울렸다.

"짱구 박사라고? 어떻게 내 별명을 알았니? 그래, 난 짱구 박사 선생님이야."

"킥킥."

"큭큭."

여기저기서 아이들의 웃음소리가 터져 나왔다.

아이들의 버릇없는 말을 듣고도 선생님은 오히려 농담을 하며 웃으셨다. 좋은 선생님을 만난 것 같았다. 나는 항상 선생님 운이 좋다니까.

"오늘 너희들을 이렇게 만나게 되어 기분이 매우 좋구나. 선생님도 이 학교가 올해 처음이니까 너희들과 똑같이 새로 시작하는 거야. 새 교실, 새 친구, 새 학년에서 우리 다 같이 열심히 해 보자꾸나."

선생님도 시골 학교에서 근무하다가 처음으로 서울의 학교로 전근 온 것이라고 하셨다. 전교생이 여섯 명인 학교에서 근무한 적도 있다고 하셨다. 시골 학교는 주변 풍경도 아름답고 아이들과 허물없이 시도 쓰고 노래도 부르면서 지냈기에 참 좋았다는 말씀도 하셨다. 덧붙여 서울의 학교에서 가르치는 것은 이번이 처음인데, 우리의 총명한 눈빛을 보니 기쁘고 기대도 된다고 하셨다. 왠지 선생님의 말씀에서 나와 비슷한 동질감을 느꼈다. 시골에서 온 사람은 나밖에 없는 줄 알았는데, 선생님도 그렇다니 갑자기 이 교실이 낯설어 보이지 않았다.

사람은 왜 공부를 할까?

"우리는 이제 붕우가 되었다. 붕우가 뭔지 아는 사람 있니?"

"붕어는 알지만 붕우는 모르겠는데요."

"붕우도 모르냐? 친구란 뜻이잖아. 중국어로 '펑이여우' 말이야."

누군가의 장난스러운 대답에 아까 사오정과 떠들던 손오공이 얼른 대답했다. 첫날 선생님께 냉큼 대답하는 걸 보니 아무래도 잘난 체하고 까부는 녀석일 게 틀림없다. 덕분에 아이들에게 웃을 거리를 또 주긴 했다. 선생님도 빙긋 웃으며 말씀하셨다.

"그래. 붕우란 친구를 말하는 거란다. 그냥 친구라는 뜻보다도 배움을 향해 같이 나아가는 친구라는 의미지. 너희들의 총기 있는 눈빛을 보니 선생님은 참 기쁘다. 뭔가를 배우려는 자세가 된 것 같아. 너희들이 이렇듯 속수지례를 갖추었으니 선생님은 기꺼이 가르침을 베풀겠다."

"저희들이 속수무책이라고요? 그렇지는 않을 텐데……."

사오정이었다. 어휴…… 쟤는 이비인후과에 가서 검사를 해 봐야 하지 않을까?

"속수무책이 아니고 속수지례라는 말이다. 속수지례란 마른 고기 포 열 개를 묶어서 선생님께 드리고 배우겠다는 뜻이란다. 그러니까 배우려는 뜻이 있는 너희들과 함께 진리를 알아 가도록 선생님이 힘을 다하겠다는 말이야."

첫날부터 어려운 말을 들은 우리는 잠시 풀렸던 긴장이 다시 찾아왔다. 붕우, 속수지례…… 조금 어렵게 들리긴 했지만, 진리인지 뭔지를 열심히 배워야 한다는 말인 것 같았다. 가만, 그러니까 결국 공부하자는 얘기 아니야? 공부를 강조하는 걸 보니…… 어휴, 쉽진 않겠군.

"너희들은 왜 공부를 하니?"

내 마음을 읽기라도 한 듯 선생님이 질문하셨다. 아이들

은 주저하다가 한마디씩 했다.

"아나운서가 되려고요."

"저는 의사 선생님이요."

"공부 안 하면 똥 푸는 사람 된다고 해서요."

누군가의 얘기에 아이들이 웃다가 너도나도 덧붙였다.

"공부 못하면 엄마한테 혼나요."

"다른 애랑 자꾸 비교해서 자존심 상해서요."

"저도 엄마가 무서워서 해요."

나도 솔직히 엄마가 시켜서 공부를 한다. 좋은 점수 받으면 나도 기분이 좋긴 하지만, 공부하는 건 역시 재미가 없다. 아이들의 솔직한 대답에 선생님이 말씀하셨다.

네 생각은 어때?

공자는 가르침을 받기 위해 자신을 찾아온 제자들에게 속수지례를 갖추었으니 기꺼이 가르침을 베풀겠다고 말했습니다. 속수지례란 무엇이며, 공자가 말한 '깊은 공부'가 무엇인지 적어 보세요.

▶풀이는 192쪽에

"그래. 너희만 할 땐 공부하기 싫은 마음이 더 클 거야. 중학생, 고등학생이 되어도 공부를 좋아하는 사람은 별로 없어. 하지만 말이다, 지나고 나면 공부할 수 있을 때 하지 못한 것을 후회하는 사람이 많아. 공부만 빼면 뭐든지 재미있을 것 같지? 그렇지만 나중에 어른이 되면 공부할 수 있었던 학생 시절이 가장 편하고 재미있었던 때란 걸 알게 될 거다."

선생님은 아이들을 둘러보며 말씀을 계속하셨다.

"우리는 태어나면서부터 임무를 가지고 있단다. 그 임무란 남도 즐겁고 나도 즐겁게 해 주는 일이란다. 그러니까 그 임무를 실천하기 위해서 우리는 공부를 하는 거야. 아까 의사나 아나운서가 되기 위해 공부한다는 대답도 있었지? 생명과학을 공부해서 불치병을 치료하고, 또 사람들에게 세상 소식을 바르게 전달하는 아나운서가 되는 것은 나도 즐겁고 남도 즐거운 일이 되겠지? 이것이 바로 임무를 제대로 실천하는 거란다. 이런 것이야말로 이 땅에 태어난 우리가 살아가는 가치를 가지는 거야. 그저 밥 먹고 똥 싸는 일은 동물도 한단다. 우리는 사람으로 태어났기에 공부를 하고 그 공부를 통해 세상을 이롭게 해야 해. 모두 선생님 말 알아듣겠지?"

아이들의 얼굴이 갑자기 진지해졌다. 점수를 잘 받기 위해 하는 것이 공부인 줄 알았는데 우리가 하는 공부가 나와 남을 즐겁게 하는 일이 되어야 한다니……. 갑자기 공부를 하는 일이 새롭게 느껴졌다. 왜 공부 같은 건 있어서 놀지도 못하게 하고 날 괴롭히나 생각했는데, 선생님 말씀을 들으니 공부의 필요성을 새삼 깨닫게 되었다.

"그리고 공부를 할 때는 깊은 공부가 아니면 안 된다. 깊고 정확하게 공부해서 이치와 원리를 찾아내고 완전하게 터득해야 해. 그렇게 하기도 전에 남에게 자랑하거나 뽐내는 데 마음을 쓰면 안 된단 말이다. 공부란 널리 배우고, 자세히 묻고, 조심스레 생각하여 찾은 진리를 실천하는 것이어야 한다. 섣부르게 자신이 알고 있는 지식을 남에게 으스대고 자랑한다면 나에게도, 남에게도 도움이 되지 않아."

이마가 짱구처럼 생겨 짱구 박사라 불리는 선생님인 줄 알았는데, 선생님의 깊은 뜻을 어찌 따라 갈까나.

"한마디만 더 당부하마. 공부는 복습이 중요하다. 밥을 여러 번 씹어야 소화가 잘되는 것처럼, 배운 것을 다시 보고 복습해야 내 것이 되는 거란다. 알겠지?"

"네!"

아이들은 선생님의 말씀이 끝나는 것이 반가워 큰 소리로 대답했다.

공부를 왜 하는지, 어떻게 해야 하는지 등 이런 얘기는 처음 들었다. 하긴 지금까지 학교를 다니면서 그런 걸 들어 보지도, 생각을 해 보지도 않았다는 것이 오히려 이상한 일일지도 모른다.

국어나 수학을 배우면서도 왜 배우는지를 모른다는 건 말이 안 되지 않는가? 선생님의 말씀을 들은 우리는 정말 열심히 배워야겠다는 각오를 새롭게 다졌다. 아무렴, 새 학년, 새 학기, 새 교실, 뭐든 새것은 의욕을 생기게 하니까 말이다. 물론, 이 결심이 얼마나 갈는지 모르겠지만…….

찬호의 새 친구들

수업이 끝나고 교실 문을 나서며 손오공과 마주쳤다. 정말 원숭이같이 생긴 얼굴을 보니 웃음이 나올 뻔했다. 내가 속으로 벌써 별명을 지은 걸 알면 좋아하지 않겠지?

"너 이 동네 사니? 처음 보는 얼굴인데."

"경주에서 이사 왔다. 너는 집이 어댄데?"

나도 모르게 사투리가 튀어나왔다. 촌티 내지 않으려고 조심하는 중이었는데 입에 밴 말투는 어쩔 수 없었다.

"그래? 좋은 데서 살다 왔구나. 우리 아빠 고향도 경상도야. 그래서 가끔 거기로 여행 가는데, 나는 시골이 좋더라. 시골에 살고 싶지만 아빠 회사 때문에 계속 여기 사는 거야."

사투리를 놀릴까 봐 걱정했는데 손오공이 스스럼없이 대답해 주니 다행이다. 생각보다 괜찮은 녀석인 것 같다.

"손오공, 같이 가자."

어? 손오공? 사오정이라 불렸던 아이가 뛰어나오면서 손오공이라 외쳤다. 나 혼자 속으로만 생각한 별명인데, 참 신기하다.

"뭐 하다 이제 나오냐? 야, 그나저나 애 말이야, 경주에서 왔대. 우리 아버지 고향이 경상도잖아. 왠지 친척 같은 기분이 드네."

"고창? 거긴 전라도잖아."

"아이 참, 귀 좀 뚫어라! 고창이 아니고 경주라고, 거참!"

사오정은 장난으로 그렇게 불리는 것이 아니라 진짜 사오정인가 보다.

하지만 사오정은 이런 핀잔도 아랑곳 않고 순박한 웃음을 지으며 덩치에 걸맞지 않은 조그만 손을 내밀었다.

"반갑다. 나는 기태라고 해. 그렇지만 기태라고 부르는 애들은 거의 없어. 나는 귀를 기울여 잘 들으려 하는데도 잘못 알아들을 때가 많아. 그래서 애들이 사오정이라고 놀려."

아, 나의 시골 친구 기태와 이름이 똑같았다. 그것만으로도 무작정 이 녀석이 마음에 들었다. 서울의 새 친구 기태.

"나는 손오건이야. 애들은 손오공이라고 불러. 그래서 좀 더 크면 개명 신청을 할 생각이야. 손오공이란 별명을 일곱 살 때부터 달고 살았다니까. 이 잘생긴 얼굴에 오건이라니, 정말 맘에 안 들어!"

이런, 나는 속으로 너무 잘 어울리는 이름과 별명을 가졌다고 생각했는데……. 그래도 좋은 녀석 같아 보였다. 시골 아이라고 놀리지도 않고 기분 좋게 대해 주니 말이다.

"오늘 짱구 박사, 완전 성인 같던데. 언젠가 공자의 말씀이 담긴 『논어』를 읽었는데, 옛날에 배우는 자들은 자신을 위해 공부했는데, 지금 배우는 자들은 남에게 뽐내기 위해 공부한다, 뭐 이런 말이었어. 『논어』「헌문」 편에선가 있었던 것 같아."

"야, 너 대단하다. 그런 어려운 책도 다 읽어?"

나는 정말 놀라서 물었다. 솔직히 짱구 박사 선생님의 말씀이 『논어』에 있는 줄도 몰랐고, 『논어』니 「헌문」이니 하는 건 오늘 처음 들었다.

"응. 내가 좀 아는 게 많아. 『논어』뿐 아니라 장자와 노자 책도 읽었어. 이래 봬도 말이야, 매달 뽑는 다독상을 놓친 적

이 없는 몸이시란 말이야."

많이 아는 것 같아 보이긴 하는데 짐작대로 역시나 잰 체하는 데가 있나 보다.

"남에게 뽐내기 위해 공부하지 마라, 오늘 배운 게 그거 아니었나?"

이번엔 제대로 들은 기태가 한마디 했다. 하하, 꼭 필요할 땐 말을 잘 알아듣는군. 기태의 말에 살짝 삐친 얼굴이 된 오건이가 화제를 돌렸다.

"참, 그러고 보니 네 이름도 모르잖아? 넌 이름이 뭐니?"

"나는 찬호라고 해. 시골 친구들은 내가 좀 뚱뚱하다고 저팔계라고 부르기도 했어."

"저팔계?"

오건이와 기태가 동시에 외치더니 배를 잡고 웃었다.

"우리 별명이 손오공, 사오정, 저팔계인데 만약 우리 짱구 선생님이 삼장법사라면 완전 『서유기』가 되는 거잖아."

정말 어쩌다 보니 그렇게 됐네? 『서유기』의 등장인물이 다 모인 것처럼 헷갈렸다. 서울에 와서 그래도 좋은 친구들과 선생님을 만나 다행이다. 내키지 않았던 나의 서울 생활이 생각보다 재미있을 것 같아 집으로 가는 발걸음이 가벼웠다.

철학자의 생각

공부란 도(道)를
실천하는 것

공자 가라사대, "모두 잘살기 위해 하는 것이 공부"

"공부는 왜 하는 걸까?"

"공부는 어떻게 해야 할까?"

우리는 태어나면서부터 임무가 주어진다. 이 임무를 실천하기 위해 공부를 하는 것이다. 그 임무란 나도 즐겁고 남도 즐겁게 하는 일이다. 예를 들어 생명과학의 원리를 발견하고, 배아 줄기세포를 통해 치료하기 어려운 병을 정복하고, 우주를 연구하는 공부는 모두가 다 함께 더불어 잘살기 위한 것이다.

그리고 깊은 공부가 아니면 안 된다. 좀 더 깊고 정확하게 공부하여 이치나 원리를 찾아내고 내 마음에서 완전하게 터득해야 한다. 그렇게 하기도 전에 남에게 자랑하거나 뽐내는 데 마음을 쓰면 일을 그르치고 만다.

　요즘에는 남에게 으스대기 위해 공부하는 사람이 많다. 별것도 아닌데 큰 것을 발견한 것처럼 법석을 떤다. 이런 세태에 대해 공자는 다음과 같이 꼬집었다.

　"옛날에 배우는 자들은 자신을 위해 공부했는데, 지금 배우는 자들은 남에게 뽐내기 위해 공부한다."(『논어』,「헌문」)

　공부란 널리 배우고, 자세히 묻고, 조심스레 생각하고 밝게 쪼개어 찾은 진리나 원리를 실천하는 것이다. 섣부르게 알고 있는 지식을 자랑한다면 나도 망치고 남에게도 도움이 되지 않는다.

　진정한 학자들은 과연 나를 위한 공부가 무엇인지 생각하며 실천했다. 과거에 위대한 철인이나 과학자 들은 배움의 도리를 밝히고, 덕을 실천하려는 마음이 몸에 배도록 노력했다. 그런데 요즘 배우는 사람들은 남이 알아주기를 먼저 구하니, 이런 행동은 크게 잘못된 불행한 일이다.

즐거운 독서 퀴즈

1 아래 문장은 공부에 대한 공자의 생각을 말하고 있어요. 맞으면 ○, 틀리면 × 표시를 해 보세요.

❶ 공부는 덕을 실천하고 세상을 이롭게 만들기 위해 필요한 것이다.
( )

❷ 공부는 의사나 아나운서 등 직업을 갖기 위해 하는 것이다. ( )

❸ 공부란 널리 배우고, 자세히 묻고, 조심스레 생각하고 밝게 쪼개어 찾은 진리를 실천하는 것이다. ( )

❹ 공부는 남이 알아주거나 남에게 뽐내기 위해서 하는 것이다.
( )

정답

❸ ○   ❹ ×
❶ ○   ❷ ×

2 아래는 공자의 철학과 그에 대해 설명한 문장이에요. 괄호 안에 들어갈 알맞은 단어를 써 보세요.

❶ 배움을 향해 같이 나아가는 친구를 (　　　　　　)라고 해요.

❷ (　　　　　　)란 마른 고기 포 열 개를 묶어서 선생님께 드리고 배우겠다는 뜻이에요.

❸ 사람은 태어나면서부터 (　　　　　　)를 가진다.
　그 (　　　　　　)는 나도 즐겁고 남도 즐겁게 하는 일이며, 이를 실천하기 위해 공부를 하는 것이다.

 정답

❸ 밝음
❷ 속수지례
❶ 붕우

여러 사람이 미워하더라고 반드시 살펴보며,
여러 사람이 좋아하더라도 반드시 살펴보아야 한다.
— 『논어』, 「위령공」

2

내가 하나 더 먹으면
못 먹는 사람이 있다

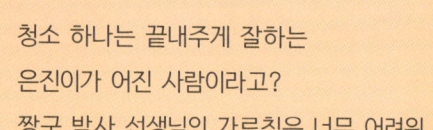

청소 하나는 끝내주게 잘하는
은진이가 어진 사람이라고?
짱구 박사 선생님의 가르침은 너무 어려워.

급식 시간에 생긴 일

　새 학기가 시작된 지도 한참이 지났다. 학교 가까운 곳에 이사 온 뒤로 늦게 일어나는 습관이 생겨 3분 전에야 부리나케 뛰어나가는 일이 자주 생겼다. 가까이 사는 학생들이 지각을 제일 많이 한다고 하더니 정말인가 보다.

　오히려 가장 먼 거리에 살고 있는 기태가 제일 먼저 등교한다. 나도 시골 학교에 다닐 땐 그랬는데. 선생님 말씀대로 몸을 부지런히 하여 정신이 깨어 있어야 할 텐데 갈수록 늦잠만 자니 걱정이다. 내일부터는 부모님이 나가시는 시간에 꼭 일어나야겠다.

　엄마 아빠는 이사 온 뒤로 더 바빠지셨다. 아침에 일어나면 상보가 덮인 아침상만 덩그러니 놓여 있고 부모님은 벌써 일 나가시고 없었다. 등교 시간보다 일찍 문방구 문을 열어야 하기 때문에 그런가 보다.

힘들게 일하시는 부모님을 보면 마음이 좋지 않지만 왠지 나는 친구들에게 부모님이 문방구를 한다고 말하기 싫었다. 친구들에게 학용품을 파는 사람이 나의 엄마 아빠라고 말하는 것이 내키지 않았다. 가끔 아이들은 문방구 아줌마가 계산을 잘못해서 백 원을 더 줬다든가, 아저씨가 물건을 빨리 못 찾아서 지각을 했다든가, 하는 말들을 했다. 아직 문방구 장사에 서툰 엄마 아빠가 더러 실수를 하기 때문이다. 그런 얘기를 들을 때에도 문방구 아줌마, 아저씨가 내 부모님이라고 말하지 않았다. 학교가 끝나면 친구들이 혹시라도 부모님이란 걸 알게 될까 봐 일부러 문방구를 멀리 돌아서 집으로 갔다.

누나는 작정한 대로 같은 연예인을 좋아하는 친구들과 방송국을 드나들었다. 풍선을 만든다, 플래카드를 만든다, 밤마다 법석을 피우면서 팬클럽 활동에도 열심이었다. 공부를 좀 그렇게 해 보지 그러냐는 핀잔을 매일 들으면서도 누나는 리드 싱어 오빠와 더 가까워졌다는 사실 하나만으로 즐거워했다.

어디서 저런 열정이 나오는 걸까? 물론 그렇게 방송국을 드나들었어도 그 가수 오빠가 뭔가는 아직 한 번도 만나지 못했단다. 언젠가는 꼭 만날 수 있을 것이라고 꿈꾸는 누나가 대단해 보인다.

문방구를 멀리 돌아서 다니는 것 빼고, 나의 학교생활은 생각보다 훨씬 좋았다. 친구도 여럿 생겼고 기태와 오건이가 있어 심심치도 않았다. 짱구 박사 선생님도, 음…… 좋다. 가끔 어려운 말씀을 하셔서 머리가 아프기는 하지만, 들을수록 좋은 말인 것 같다. 아직 그 뜻은 다 모르지만 말이다.

참, 여기 학교에 와서 제일 좋은 건 급식이었다. 시골 학교에선 선생님이 기분 좋을 때 끓여 주시는 라면을 얻어먹는 재미가 있었지만 학교에서 밥을 주지는 않았다. 집에서 싸 온 도시락으로 친구들과 나눠 먹었는데, 매일 그 반찬이 그 반찬이라 그냥 그랬다.

학교에서 주는 급식 시간에는 매일 다른 반찬에 따뜻한 국과 밥이 나온다. 엄마는 도시락을 싸지 않는 것이 제일 편하다고 좋아하셨다. 나도 엄마가 만들어 주는 반찬보다 학교에서 이것저것 먹는 급식이 더 마음에 든다. 내가 제일 좋아하는 불고기나 닭볶음이 나오는 날은 기분이 최고다.

오늘은 무슨 반찬이 나올까? 3교시도 아직 안 끝났는데 갑자기 밥 생각을 하니까 배가 고팠다. 수업이 어떻게 끝난 지도 모르게 4교시가 지나고 급식 시간이 되었다. 다른 친구들은 오랫동안 학교 급식을 먹어 왔기 때문에 좋아하지 않았다. 이렇게 맛있는 걸 두고 말이야.

당번이 급식 차를 덜덜덜 끌고 왔다. 반찬 뚜껑들을 열다가 당번이 소리쳤다.

"야, 오늘은 피자 돈가스다."

피자 돈가스라고? 야호! 다른 반찬은 다 남겨도 이런 건 없어서 못 먹는다. 돈가스를 싫어하는 아이는 없으니 말이다. 아이들은 다투어 피자 돈가스를 받기 위해 줄을 섰다.

"나 하나만 더 줘. 응? 하나만."

"안 돼. 이건 사람 수만큼 딱 맞춰서 나온 거란 말이야. 너만 더 먹고 싶은 건 아니잖아?"

당번과 아이들 사이에 실랑이가 벌어졌다. 그때 어떤 아이가 날름 피자 돈가스 두 개를 집어서 줄행랑을 쳤다. 그러자 다른 친구들 몇몇도 앞다투어 한 개씩 더 들고 가 버렸다.

"야! 두 개씩 가져가면 어떡해? 양이 모자라면 다른 사람은 어떻게 먹으라고!"

당번이 소리쳤지만 두 개를 들고 간 아이는 벌써 입 안으로 넣은 뒤였다.

그러자 교실에 일대 소동이 벌어졌다. 다시 뱉어 내라고 하는 아이가 있는가 하면, 두 개 먹은 사람을 선생님께 이르자고 하는 아이도 있었다. 나는 내 줄 앞에서 제발 바닥나지 않기만을 바랐다.

그런데 바로 내 앞, 바로 내 앞 아이까지 받아 간 돈가스가 이제 한 개도 남아 있지 않았다. 줄을 너무 뒤에 선 것이 문제였다. 에잇! 그냥 밀치고라도 앞에 서서 받아 갈걸. 속이 상했다. 남들은 그깟 피자 돈가스라고 하겠지만 내겐 정말 중요한 점심인데……. 속상하고 아쉬운 마음에 한숨을 푹 쉬는데, 마지막 돈가스를 받아 든 아이가 뒤를 돌아보더니 내게 식판을 내밀었다.

"난 이거 안 먹어도 돼. 먹고 싶으면 너 먹어."

항상 구석에서 있는 듯 없는 듯 조용히 있던 은진이었다. 이름도 며칠 전에야 알았을 정도로 말이 없는 아이였다. 우리는 혹시 저 애가 바보가 아닐까 생각한 적도 있었다. 뭐라고 말을 걸어도 배시시 웃기만 하고 선생님의 설명에 고개만 끄덕거려서 모자란 애일지도 모른다고 뒷말을 하곤 했다.

내 뒤에 섰던 서너 명은 이미 다른 친구들과 반씩 나눠 먹겠다며 포기하고 자리로 갔다. 돈가스를 받지 못해 아쉬워하며 서 있는 것은 나 혼자뿐이었다. 은진이가 내민 돈가스에 군침이 돌았다.

"너 이거 먹기 싫어서 나 주는 거냐? 그럼 내가 먹어 주지."

양보를 받는다는 것이 조금 자존심 상해서 일부러 큰 소리로 말했다. 하지만 마음속으로는 맛있는 피자 돈가스를 먹을 수 있게 되었다는 사실에 환호성을 질렀다.

'좀 모자란 아이라 맛있는 것도 모르는 모양이야.'

나는 은진이를 아래로 보면서 식판을 받아 들고 내 자리로 왔다. 은진이가 양보를 한 것이었지만 어쨌거나 나도 당연히 받았어야 할 몫이다. 다른 녀석들이 두 개를 먹지만 않았어도…….

어렵게 얻은 피자 돈가스는 유난히 맛있었다. 식사 시간이 거의 끝날 즈음 선생님이 들어오셨다.

"반찬 그릇이 아주 깨끗하네. 시금치 나올 땐 대부분 다 남기더니, 오늘은 너희들이 좋아하는 게 나온 모양이구나."

"오늘 피자 돈가스가 나왔어요. 날마다 이것만 나오면 좋겠어요."

"저도요."

아이들의 말에 선생님이 말씀하셨다.

"편식을 하면 나쁘다는 것은 다들 알겠지? 사실 남기지 말고 다 먹어야 될 음식이 시금치 같은 나물이란다. 그래야 몸도 튼튼해지고 정신도 건강해지지."

"그래도 시금치는 맛이 없어요. 저는 돈가스가 더 맛있는 걸요."

"맞아요. 그런데 오늘 두 개씩 먹은 친구도 있어요."

"그래서 저는 짝이랑 나눠서 반씩밖에 못 먹었어요."

아이들이 점심시간에 일어났던 일에 대해 종알거렸다.

선생님은 잠깐 생각에 잠긴 얼굴을 하더니 교단 앞으로 가셨다.

"피자 돈가스는 몇 개가 왔지?"

선생님의 물음에 급식 당번이 대답했다.

"반 아이들 수만큼 담겨 있었어요."

당번의 대답을 들은 선생님은 다시 질문하셨다.

"그렇다면 너희들은 모두 하나씩만 먹어야 되는구나. 그렇지? 여럿이 같이 먹을 땐 똑같이 나눠 먹어야 해. 특히 맛있는 음식은 더욱더."

소란스럽던 아이들이 선생님의 말씀에 잠잠해졌다.

"누군가 두 개를 먹으면 다른 누군가는 먹지 못하게 되겠지? 그건 다른 사람 입장에 서 보지 않았기 때문에 그런 행동을 하게 되는 것이겠지? 사실 싸움은 그런 일 때문에 일어나는 거야. 사소하게는 피자 돈가스로 다툼이 생기는 것이, 크게는 나라 사이의 전쟁이 되기도 하는 거란다. 모두 다른 사람의 입장을 헤아려 보지 않고 내 욕심만 차린 결과야. 두 개 먹은 사람은 예의가 없는 거야. 예의에 어긋나면 보지도, 듣지도, 말하지도, 행동하지도 말라는 말이 있다. 예의가 있었다면 혼자만 배부르게 먹는 것이 잘못이란 것을 알았을 텐데……."

선생님의 말씀에 아이들 표정이 어두워졌다. 특히 두 개 먹은 아이들은 잔뜩 움츠러들었다. 거봐, 남 생각하지 않고 자기들만 먹겠다고 하더니……. 나도 은진이가 아니었으면 맛도 보지 못할 뻔했잖아.

"자, 이제 밥을 먹었으니 일단 운동장에 나가서 놀다 오너라. 선생님 얘기 오래 듣다가는 괜히 소화도 안 될 테니까,

허허허."

선생님의 웃음에 잔뜩 기가 죽었던 아이들도 금세 활기를 띠고 밖으로 뛰어나갔다. 나도 기태, 오건이와 같이 운동장으로 나갔다.

우리가 늘 모이는 곳은 학교 후문 가까이에 있는 세 번째 등나무 벤치다. 첫 번째 벤치는 교무실과 너무 가깝고, 두 번째 벤치는 쓰레기통이 옆에 있고, 그나마 세 번째 등나무 벤치가 제일 나아서 이곳이 우리의 모임 장소가 되었다. 엉겨 있는 등나무 줄기들이 꼭 마귀 할머니의 손 같아서 우리는 '마귀 손 벤치'라고 부른다. 등받이에 걸터앉은 오건이가 말했다.

"우리 짱구 박사 선생님, 너무 과민 반응하는 거 아냐? 반찬 가지고 누가 더 많이 먹니 적게 먹니, 그런 싸움은 흔히 하는 거잖아. 나도 집에서 동생이랑 만날 싸운다, 뭐. 주로 내가 이겨서 더 많이 먹지만 말이야."

"난 두 개 안 먹었어, 진짜야."

사오정 기태가 또 딴소리다.

"그래도 선생님 말씀이 틀린 건 아니잖아. 먹을 거 가지고 싸우는 건 별거 아닌 것 같지만 남을 배려하는 마음에서

보면 기본이 되는 거니까. 남 생각했으면 나만 맛있다고 많이 먹을 수 있겠어?"

은진이의 양보가 생각난 나는, 자기도 먹고 싶었을 텐데 나를 배려해 준 그 마음이 진심으로 고맙게 생각되었다. 은진이가 모자라서 그런 행동을 한 것은 아닌 것 같았다.

"너희들, 어제 슈퍼 블랙, 그 만화 봤냐? 블랙 맨이 랙보이랑 붙은 거 말이야."

"아, 나도 봤어. 블랙 맨 진짜 멋있지 않냐? 이번에 어린이날 되면 아빠한테 꼭 블랙 맨 시리즈 선물해 달라고 말할 거야."

기태가 꺼낸 얘기에 우리는 금방 점심때 일을 잊어버리고 어제 봤던 만화 이야기에 다시 열을 올리고 있었다.

그런데 저쪽에서 누가 쓰레기를 줍는 모습이 보였다. 자세히 보니 은진이었다. 비닐봉지에 열심히 무언가를 주워 담고 있었다. 다들 공을 차거나 치기 놀이를 하면서 운동장을 뛰고 있는데 혼자 웬 청소일까?

마침 수업 시작종이 울려 우리는 교실로 향하면서 은진이를 툭 건드렸다.

"너 벌 받았냐? 웬 청소야?"

오건이의 말에 은진이가 배시시 웃으면서 대답했다.
"아니, 벌 받은 건 아니고, 여기 운동장에 유리 조각이 깨져 있어서 애들 다칠까 봐 치웠어."
선생님이 시켜도 하기 싫은 일을, 시키지도 않았는데 하고 있다니……. 암튼 보통 애는 아닌 것 같다.

어짊에 대해 배우다

　모두 교실에 들어가 자리에 앉았다. 짱구 박사 선생님은 칠판에 '어짊, 예의'라고 쓰셨다.
　"선생님이 오늘은 어짊에 대한 이야기를 하려고 한다. 아까 돈가스를 나눠 먹는 일에서 보았듯이 남을 먼저 생각하는 마음을 배우는 것이 국어 수업보다 먼저 필요하다고 생각했기 때문이다. 우리는 모두 더불어 살고 있지? 우리 반만 보더라도 서른 명이 넘는 친구들이 함께 생활하고 있다. 집이나 학교, 우리나라, 나아가 세계 어디에서도 더불어 살지 않는 곳은 없다. 그렇다면 이렇게 더불어 살기 위해 필요한 어짊이란 무엇일까?"

"한자로 인(仁)이잖아요. 어질 인. 어질다는 건 지혜롭고 마음이 넓다, 그런 뜻 아닌가요?"

오건이가 얼른 대답했다. 역시 아는 체하는 데는 선수다.

"어휴, 전 너무 어지러워요. 어지럽고 어려워서 어짊인 거 아니에요?"

기태의 넉살에 아이들이 모두 웃었다. 어짊? 사실 나도 기태만큼밖에 대답을 못 할 것 같았다. 어진 어머니, 이런 말은 들어 봤지만 그 뜻은 정확히 모르겠다. 궁금한 생각이 들어 선생님의 대답이 기다려졌다.

"으음, 어짊이란 나의 욕망을 이겨 내어 예의를 실천하는 거란다."

선생님의 대답을 들으니 더 모르겠다. 욕망을 이겨 낸다고? 아이들이 의아한 얼굴로 선생님을 바라보자 좀 더 쉽게 설명하셨다.

"우리에겐 몸이 있지? 좋은 일을 할 때도 몸으로 하지만 나쁜 일도 몸으로 한단다. 그래서 사람은 늘 몸과 싸우고 있는 거야. 우리는 잠을 더 자고 싶고, 더 많이 먹고 싶고, 더 놀고 싶고, 더 많은 것을 즐기려고 하는데, 이런 것들을 욕망이라고 한단다. 이처럼 많은 자신의 욕망을 이겨 내는 것이 바로 극기야."

짱구 박사 선생님의 말씀이 끝나자마자 오건이가 기다리지 못하고 또 아는 체를 했다.

"아, 극기 훈련이요? 저 여름 캠프 갔을 때 극기 훈련 해 봤어요. 다리 아픈 것도 참고, 목마른 것도 참고, 무서운 것도 참고…… 이런 모든 것을 참는 훈련이던걸요. 너무 힘들었지만 보람은 있었어요."

"그래. 참는 것도 극기겠지. 더 정확히 말하면 남에게 피해를 주지 않기 위해 나의 욕망과 싸우는 훈련이 바로 극기란다. 극기를 통해 남을 배려하는 마음을 몸에 배도록 하는 것이지. 그런 만큼 극기 훈련에 필요한 것은 바로 예의에 어긋난 것은 보지도 듣지도 행동하지도 않는 거란다."

선생님 말씀에 아이들은 알듯 말듯 고개를 끄덕였다. 나도 고개를 끄덕이다가 갑자기 궁금한 것이 생겼다.

"선생님, 예의에 어긋난 것을 보지도 듣지도 말하지도 말라고 하셨는데, 예의에 어긋난다는 것을 어떻게 알 수 있어요? 어른에게 반말하지 않기, 뭐 이런 것은 알겠지만 잘 모르고 한 행동인데 예의 없다는 말을 듣기도 하거든요."

어릴 때 세뱃돈 많이 받으려고 할머니께 절을 세 번 했다가 혼난 일이 생각나서 내가 물었다.

"예의는 남의 입장에 서서 남을 먼저 생각하는 질서 의식이라고 보면 된다. 예를 들어 모든 사람들이 풍족하게 누릴 만큼 이 세상에 자원이 많으면 좋겠지만 실제로는 그렇지 않단다. 부족한 것이 더 많아서 모두가 다 가질 수 없기에 남을 생각하는 마음이 필요한 거야. 그건 나를 위한 것이기도 하고 남을 위한 것이기도 하단다. 예의를 지키는 어짊이란 결국 남을 사랑하는 마음을 아끼지 않는 것이라고 할 수 있어. 이 효과는 아주 커서 좋은 세상을 만들 수 있게 하지. 사랑의 실천은 남이 해 주는 것이 아니라 자기 스스로가 먼저 하는 거란다."

한 차례 아이들을 둘러본 뒤 짱구 박사 선생님은 계속해서 말씀하셨다.

"예의란 남을 배려하는 마음의 표현이기에 그 형식보다 마음이 더 중요하단다. 인사를 어떻게 해야 한다는 형식은 예를 겉으로 표현하는 방식이기에 필요해. 그런 예절은 물어 가면서 하면 틀림이 없겠지. 하지만 그것보다 더 중요한 것은 남을 생각하는 마음가짐이란다."

어짊이란 남을 배려하는 마음

선생님의 이야기를 유심히 듣던 기태가 물었다.

"아무리 생각해도 이해가 잘 안 돼요. 어질다는 것이 과연 어떤 건지……."

"사람을 사랑하는 거란다."

선생님은 한마디로 정리하고는 이렇게 덧붙이셨다.

"어진 사람은 어려운 것을 먼저 하고 이익이 되는 것을 뒤로 미룬단다. 이렇게 할 때 어질다고 말할 수 있는 것이다."

아하, 이제 좀 알 것 같다. 그러니까 품행상을 받는 친구들처럼 하라는 말인가 보다. 어려운 친구를 도와주고 힘든 일을 솔선수범하며 나 자신보다 다른 사람을 먼저 생각하는,

그런 거 말이다. 그때 조용히 시키지도 않은 일을 하며 맛있는 것도 양보하는 은진이가 떠올랐다. 사람을 사랑하는 것이 어짊이라고 했는데, 그럼 은진이가 나를 사랑하나? 흠…….

"그럼 어떻게 해야 어질게 사는 거예요?"

한 아이가 묻자 선생님이 대답하셨다.

"문을 나서면 큰 손님을 뵙듯이 조심조심 친절하게 존경하는 마음으로 사람들을 만나는 거란다. 사람이 문을 나서는 것이 하루의 시작이지? 이때부터 친구를 만나고 선생님을 만나는데, 공손하고 정겨운 마음으로 맞아야 한다. 항상 남을 우러러보는 태도로 조심스럽게 만나야 하는 것이지. 누구든 얕보거나 무시해서는 안 된다. 그렇게 하면 어진 삶을 산다고 할 수 있어."

나는 사실 우리 누나도 얕봤는데, 그러지 말아야겠다. 누나가 하는 행동이 하도 철없어 보여서 그러긴 했지만, 그래도 어질게 살려면 누구라도 낮춰 봐서는 안 된다니 말이다. 이걸 제대로 실천하면 나도 짱구 박사 선생님처럼 성인이 되겠는걸!

선생님의 말씀이 이어졌다.

"어짊의 뜻 가운데 무엇보다 중요한 것이 있단다. 내가 원하지 않는 것을 남에게 베풀지 말아야 한다는 것이지. 사람들은 자기가 싫어하는 것을 남에게 떠맡기기를 좋아한다. 이렇게 해서는 우리가 얼굴을 붉히며 살 수밖에 없겠지? 진정으로 내가 바라지 않는 것을 남에게 하지 말아야 웃고 살 수 있다. 이렇게 하면 나라를 원망하는 일도 없을 것이고, 집 안에서도 속상한 일이 없어지겠지. 내가 싫은 것은 남도 싫다, 이 말을 모두 명심하렴."

선생님의 말씀을 들으니 집에서 하는 일들이 생각났다. 부모님 심부름, 저녁 설거지, 엄마 어깨 주무르기. 이런 일들을 하기 싫어 누나에게 떠민 적이 많았다. 누나도 하기 싫다고 서로 미루고, 그래서 결국엔 엄마에게 혼난 뒤 씩씩거리며 얼굴을 붉히기도 했다. 이제부터라도 반성해야겠다. 내가 싫은 일은 누나도 싫을 테니 앞으로 싫은 일은 내가 먼저 해야겠다. 와, 이러다 진짜 공자님 되는 거 아냐?

"저는 이미 알고 있었는걸요. 그걸 한자로 역지사지라고 하는 거 맞죠? 우리 집에서도 식구들이 싫어하는 일은 제가 다 도맡아 해요. 학교에서도 아마 제가 제일 열심히 청소할걸요."

오건이가 또 나선다. 저 녀석은 아무튼 못 말리겠다. 잘난 척하는 것만 빼면 다 좋은데 말이야. 집에서는 모르겠지만, 학교에서 청소 시간에 제일 먼저 도망가는 녀석이 오건이란 건 모두가 아는 사실인데 말이다. 오건이의 말을 들은 선생님이 말씀하셨다.

"오건아, 너는 아는 것도 많구나. 많이 아는 것은 좋은데 선생님이 충고 한마디만 하마. 공자 말씀 중에 '어진 사람은 그 말하는 것이 조심스럽다.'가 있단다. 공자가 제자 사마우에게 한 말인데, '사람이 오직 방심하기 때문에 말을 방자하게 하여 거리낌이 없으니, 어진 사람은 일을 할 적에 반드시 성취하기 어려움을 염려하고 성취한 뒤에는 또 마치기 어려움을 염려하여 조심스럽게 하는데, 그 일을 자네가 쉽다고 생각하는가?' 하고 질문했단다. 그러니까 말을 하기는 쉽지만 일을 제대로 하는 것은 어려운 것이다, 그런 뜻이지. 쉽다고 해서 말이 먼저 앞서고 말을 많이 하는 것은 좋지 않다는 거야. 알겠지?"

"끄응······."

오건이는 얼굴을 붉히며 고개를 숙였다. 아는 것이 많다고 칭찬 들을 줄 알았던 녀석은 꾸중 아닌 꾸중을 들으니 속이 상한 모양이었다. 부끄러워서 저러는 것일지도 모른다.

말은 거리낌 없이 내뱉지만 속은 여린 녀석인데……. 나도 오건이가 그 점만 고쳤으면 좋겠다. 가만히 있으면 좋은 점이 참 많은데 말을 잘못해서 얄미움을 사곤 하니까 말이다. 어쨌거나 수업이 끝나면 마귀 손 벤치에 가서 위로의 말이라도 한마디해 줘야겠다.

수연이의 신발주머니가 사라졌다!

엄마 아빠는 이제 문방구 일에 익숙해지신 것 같다. 거스름돈을 잘못 주었다거나 물건을 못 찾는다는 얘기는 더 이상 들리지 않았다. 엄마는 문방구 옆에 떡볶이와 어묵 파는 자리까지 만드셨다.

누구보다 내가 잘 알지만 엄마가 만든 떡볶이 맛은 예술이다. 빨간 떡볶이 국물에 삶은 달걀을 넣어 먹으면 정말 둘이 먹다 하나가 죽어도 모를 환상적인 맛이다. 많은 아이들이 급식을 먹었지만 한창 먹을 때여서 하굣길이면 속이 출출해 엄마의 떡볶이를 사 먹었다. 엄마는 문방구보다 떡볶이 수입이 더 낫다고 좋아하셨다. 엄마가 이렇게 쉬지 않고 일하시는 건 모두 나와 누나의 교육을 위해서겠지.

그걸 알면서도 나는 한 번도 떡볶이를 먹지 않았다. 친구들이 같이 먹자고 꼬드겨도 이런저런 핑계를 대며 여느 때처럼 문방구를 멀리 돌아 집으로 갔다. 다행히 장사하느라 바쁜 엄마와 아빠는 나를 보지 못했다. 문방구를 피해 돌아가는 내 마음은 편하지 않았다.

학교생활을 한 지도 어느새 넉 달이 지나 슬슬 더워지기 시작했다. 갈수록 더위가 빨리 오는 것인지 6월 초인데도 이미 봄이 멀어진 것 같았다. 엄마가 미처 꺼내 놓지 못한 여름 옷을 장롱에서 혼자 찾아 입어야 할 정도로 한여름에 가까운 날씨였다. 더위 때문인지 아이들은 조금씩 어진 행동에서 멀어지고 있었다. 짱구 박사 선생님이 항상 강조하는 어짊과 예의를 지키려고 비교적 큰 소리도 안 내고 좋은 교실 분위기를 만들었는데, 이내 짜증을 내고 사소한 일에도 말다툼을 하기 시작했다.

반면 오건이는 말하는 태도가 달라졌다. 생각나는 대로 불쑥 내뱉지도 않고 잘난 체하는 것도 많이 줄어들었다. 지금도 물론 아는 얘기가 나올 때마다 입이 근질거리는지 한마디씩 거들기는 하지만 제법 무게 있고 의젓하게 바뀌었다.

그날도 마귀 손 벤치에서 우리는 동생과 싸운 얘기, 엄마에게 야단맞은 얘기, 컴퓨터 게임을 얼마나 능숙하게 잘하는지 등등 시시콜콜 이야기를 나누다가 점심시간이 끝나는 종이 울리자 교실로 향했다. 그런데 입구에서부터 큰 소리가 들렸다.

"내 신발주머니 어쨌어? 왜 남의 신발주머니는 만지고 그래!"

수연이가 앙칼지게 따져 묻는 소리였다. 상대는 은진이었다. 수연이는 얼굴도 예쁘고 공부도 잘해서 남자 아이들에게 인기가 좋았다. 여자 아이들조차도 수연이와 친구가 되고 싶어 주변에 자주 모여들었다. 그렇지만 은진이는 조용하고 말을 거의 하지 않아서 친구들과 잘 어울리지 못했다. 은진이가 꼭 하나 유명한 건 청소를 열심히 한다는 점이었다. 청소 시간뿐 아니라 청소 당번이 아니더라도 항상 교실의 이곳저곳을 정리하고 닦았다. 처음에는 호기심에 눈길을 주던 아이들도 언젠가부터 당연히 은진이는 청소하는 아이라고 생각했다. 심지어 은진이의 아빠가 청소부라서 청소를 좋아하는 것 아니냐고 놀리기까지 했다.

"난 그냥, 신발주머니가 뒤죽박죽돼 있어서 정리한 것뿐

인데…….”

수연이 주변에는 벌써 친구들이 둘러서 있었다. 하지만 은진이 옆에는 아무도 없었다. 보나마나 은진이에게 불리한 싸움일 게 뻔했다. 인기 좋은 수연이 편을 들 아이는 많지만 청소나 잘하는 은진이의 얘기를 귀담아들을 친구는 없을 테니까.

"시키지도 않은 신발장 정리는 왜 하는 건데? 괜히 건드려서 내 신발주머니만 없어졌잖아! 이제 나는 어떻게 집에 가란 말이야?"

"미안해. 일부러 그런 건 아니지만 내가 정리해 놓은 것이 없어졌다니, 정말 미안해…….”

몰아세우듯 따져 묻는 수연이에게 은진이는 계속 미안하다는 말만 되풀이하고 있었다. 정말 이상했다. 은진이가 훔쳐 간 것도 아니고 보기 좋게 정리해 놓은 것뿐인데, 무슨 잘못이 있다고 은진이를 몰아세우는 걸까?

"얘가 없앴냐? 그런 것도 아닌데 왜 다그치고 그래?"

보다 못한 내가 한마디 했다.

"그래, 너 너무한다. 청소한 게 죄라도 되냐?"

오건이가 얼른 내 말을 거들었다.

"은진이한테 이럴 게 아니라 먼저 찾아보는 게 어떻겠니? 여럿이 찾아보면 어딘가에서 나오겠지. 신발주머니에 발이 달려 도망간 건 아니잖아?"

심각한 순간에 다행히도 기태는 제대로 듣고 제대로 된 말을 했다. 엉뚱한 대답을 했으면 우스운 꼴이 될 뻔했는데, 기태는 역시 필요할 땐 꼭 맞는 말을 하는 녀석이다.

"야, 서유기 팀, 너네는 빠져. 늦게 들어와서 무슨 참견이냐?"

수연이에게 충성을 다하는 영호가 우리를 향해 쏘아붙였다. 갑자기 교실에 싸늘한 분위기가 흘렀다. 별것 아닌 일로 패싸움하는 꼴이 되다니 우리의 모양이 좀 우습게 느껴졌다. 그때 막 신발주머니 하나를 손에 든 민지와 희진이가 교실로 들어왔다. 그 모습을 본 수연이가 소리치듯 말했다.

"그거 내 건데!"

"응. 그렇잖아도 네 신발주머니인 것 같아서 들고 왔어. 우리 둘이 후문 쪽에서 한 바퀴 돌고 있었는데 쓰레기 분리수거장 주변에 멀쩡한 신발주머니가 떨어져 있더라. 아무래도 수연이 네 것인 것 같아서 들고 왔는데…… 한번 봐, 네 신발이 맞는지."

수연이는 얼른 지퍼를 열고 신발을 살폈다.

"맞아! 내 거야. 그런데 이게 왜 거기에 있었지?"

아이들 모두 의아한 얼굴로 서로를 쳐다보았다.

"누가 장난으로 가져다 놓은 거 아닐까?"

"일부러 수연이를 골리려고 그랬을지도 모르지."

"혹시 창밖으로 떨어진 건 아닐까? 여기 복도 창문 아래가 바로 쓰레기 분리수거장이잖아."

아이들이 이런저런 의견을 내놓았다. 누가 일부러 그런 것 같지는 않고, 내 생각에도 창밖으로 떨어진 것이 가장 그럴듯했다.

혹시 은진이가 신발주머니를 정리하면서 실수로 떨어뜨린 건 아닐까? 아니야, 아냐. 차분하고 꼼꼼한 은진이가 그랬을 리는 없어.

"맞아. 아까 창문턱에 신발주머니들이 막 쌓여 있었잖아. 아무래도 마구 쌓아 놓았던 신발주머니들 때문에 밖으로 떨어진 것 같아."

조용히 있던 기태가 판결을 내리듯이 무게감 있는 목소리로 말했다. 아이들도 대부분 기태의 의견에 수긍하는 것 같았다.

아이들은 이제 수연이의 얼굴을 살폈다. 은진이를 그렇게 다그쳤는데 아무리 봐도 은진이의 잘못은 없어 보이는 이 일에 수연이가 어떻게 행동할지 궁금했기 때문이다.

수연이는 아무 말 없이 자기 자리로 가서 앉았다. 그리고는 아이들 시선이 의식되었는지 괜히 책을 펴 들고 무언가를 쓰는 척했다. 그때 수업 종이 울리고 선생님이 들어오셨다.

은진이가 바보는 아냐

아이들은 허둥지둥 교실로 뛰어 들어갔다. 그제야 교과서를 꺼내고 수업 준비를 서둘렀다. 분위기가 이상했는지 선생님이 먼저 물어보셨다.

"음…… 점심시간엔 즐겁게 놀았니? 그런데 분위기가 어째 좀 어수선하구나. 무슨 일이 있었는지 누가 얘기해 볼래?"

잠시 침묵이 흘렀다. 그러다 한 아이가 말하기 시작했다. 수연이의 신발주머니가 없어져서 신발장을 정리한 은진이가 좀 곤란해졌는데 쓰레기 수거장에서 신발주머니를 찾으면서 해결됐다고 간단히 말했다.

우리 마음속을 들여다보시는 선생님께 거짓말을 할 수도 없었다. 전에도 "무슨 일이 있었지?"라고 선생님이 물어보면 누구도 답을 피할 수 없었으니까 말이다. 이유는 잘 모르겠지만 선생님은 진실을 털어놓게 만드는 재주가 있었다.

"은진이가 곤란해졌다? 이건 무슨 말이지? 왜 은진이에게 책임을 물었니?"

선생님의 질문에 누군가의 입에서 또 진실이 술술 흘러나왔다.

"수연이가 자기 신발주머니를 만진 은진이에게 어떻게 했냐고 물었어요. 수연이 옆에 있던 친구들도 같이 물어봤고요."

아이들과 4개월가량을 함께 지냈기에 대략 벌어진 상황을 짐작하신 선생님은 점심시간에 일어난 일을 안 보고도 알아차린 듯했다. 은진이를 앞에 두고 인기 많은 수연이와 그 친구들이 따져 물었을 상황이 눈에 훤하셨던 것이다.

"그랬구나. 신발주머니를 찾아서 다행이다. 그러니까 제자리에 잘 두었으면 이런 일은 없었겠지? 선생님은 여기저기 흩어져 있는 신발주머니를 정리한 은진이의 행동을 칭찬해 주고 싶은데, 너희들은 그렇지 않았나 보구나."

은진이를 몰아세웠던 아이들은 서로 눈치만 보고 있었다. 사실 은진이를 만만하게 보고 함부로 한 행동임에 틀림없으니 야단을 맞아도 억울해할 일은 못 된다.

"사람들은 여러 사람이 하면 따라 하는 성향이 있다. 여럿이 좋아하면 나도 덩달아 좋아하고, 여럿이 싫어하면 나도 싫어하곤 하지. 또 어느 한 사람이 나서서 나쁜 사람이라고 말하면 나쁜 사람인 줄 알고, 좋은 사람이라고 말하면 좋은 사람으로 생각하고 만다. 좋고 나쁨에 대한 아무런 기준도 없이 사람을 판단할 때가 많은데, 그렇기에 어짊의 태도가 필요하단다."

백 번도 더 들었을 어짊의 얘기가 오늘도 또 나오는구나. 선생님은 무슨 일이든 어짊과 연관되게 만드는 신기한 재주를 가지셨단 말이야.

"내 입장에서 남을 싫어하거나 좋아할 것이 아니라, 이치를 따져서 좋은 것과 나쁜 것이 무엇인가를 판단해야 한다. 이렇게 해서 좋은 것은 우리가 좋아하고, 나쁜 것은 좋은 것으로 고쳐 나가야 한다. 여러 사람이 미워하더라도 반드시 살펴보며, 여러 사람이 좋아하더라도 반드시 살펴보아야 하는 것이 있다. 즉 남을 좋아하고 미워하는 일은 조심스럽게 해야 한다는 말이다. 알겠니?"

 짱구 박사 선생님의 말씀에 아이들은 자신들의 행동을 반성하는지 숙연해졌다. 나도 가끔 은진이를 낮춰 보고 함부로 대한 적이 많은데…… 잘못한 일이다.

 "여러 사람이 한 사람을 미워하더라도 반드시 살펴봐야 하는 이유는, 그 사람의 행동이 착하지 못한 것 같지만 뜻은 취할 만한 것이 있을 수 있기 때문이다. 오직 어진 사람이라야 남을 좋아하거나 미워할 수 있다. 보통 사람들이 좋아하고 미워하는 경우에는 우리가 꼼꼼히 살펴야 한단다. 그렇지 않으면 잘못된 생각 때문에 가려진 것이 있을 수도 있으니까 말이야."

 짱구 박사 선생님의 말씀은 정말 뜻이 깊은 것 같았다. 생각해 보니 다른 사람의 말만 듣고 누구를 좋아하거나 미워했던 적이 많았다. 그런데 나도 남에게 그와 같이 평가될 수 있다는 걸 생각하니 마음가짐이 조심스러워졌다.

 "누구를 드러내 놓고 칭찬하면 너희들이 반감을 가질까 봐 그동안 얘기하지 않았는데…… 너희가 은진이에 대해 모르는 것이 많은 것 같아 말해야겠구나. 은진이는 보이지 않는 곳에서 자신의 일을 다하는 친구란다. 언젠가 운동장 구석에 유리 조각이 깨져 있는 것을 보고 혼자 그것을 치우고, 너희들이 모두 돌아간 교실도 다시 깨끗이 닦곤 한단다. 선생님이 물었더니 환경 미화원이신 아버지의 일이 자랑스러워 자신도 주변을 청소하고 싶어서 그런다는구나. 교실의 먼지가 기준치보다 몇 배나 더 높아 질병에 걸릴 위험이 높다는 뉴스를 본 뒤에는 친구들을 위해 더 열심히 청소해야겠다는 생각을 했다고 한다. 모두가 귀찮아하고 싫어하는 일을 자신이 먼저 한다는 것은 쉽지 않은 일이야. 은진이는 엄마가 몇 년 전에 돌아가셔서 두 동생을 돌보는 일도 하고 있어. 집안의 엄마 노릇, 누나 노릇도 은진이가 혼자서 해 내고 있단다. 너희들은 은진이가 말이 어눌하고 청소만 한다고 놀렸지? 선생님이 보기에 은진이야말로 진정한 어짊을 실천하는 친구다. 한번 은진이를 속 깊이 보렴. 너희들이 보지 못한 다른 점이 분명히 보일 게다."

선생님의 말씀을 들은 아이들이 은진이를 흘깃흘깃 돌아보았다. 그랬구나…… 은진이가 그랬구나……. 피자 돈가스를 양보한 것은 아주 작은 부분이었구나. 어짊은 사람을 사랑하는 것이라는데, 우리 반 친구 모두를 사랑해서 그랬던 거구나. 은진이에게는 정말 배울 것이 많다. 아마 다른 친구

들도 그렇게 생각하고 있을 것 같았다. 그래서 그런지 은진이만 칭찬하는 선생님이 야속하지 않았다. 모두가 인정할 만한 행동을 하기 때문일 것이다.

"내가 한 번 더 말한다만, 말을 교묘하게 하고 얼굴빛을 꾸미는 사람 가운데는 어진 사람이 드물다. 겉치레로 말만 좋게 하고 얼굴빛을 꾸며서 다른 사람들을 기분 좋게 하는 사람은 자신의 이익을 좇는 사람이다. 그런 사람은 어짊을 실천할 수 없을 거다. 은진이의 겉차림과 얼굴, 그리고 말투가 세련되고 아름답지 않아도 그 속을 보면 진심을 알 수 있어. 그러니까 사람의 한 부분만을 보고 섣부른 판단을 하지 않도록 경계하고 또 경계해야 한다. 다들 알아듣겠지?"

선생님의 말씀이 끝나자 우리는 긴 숨을 내쉬었다. 오늘 일은 충격이 좀 크다. 인기 좋은 아이는 사실 겉차림이 좋은 경우가 많다. 오늘 일로 겉으로만 사람의 좋고 싫음을 결정한 우리의 태도에 큰 변화가 생길 것 같다. 벌써 나의 마음가짐부터 달라졌다.

선생님이 교실을 나간 뒤 수연이가 일어섰다. 아이들의 눈동자가 모두 수연이를 따라 움직였다. 수연이가 어떤 행동을 할지 정말 궁금했기 때문이다.

수연이는 은진이한테 가더니 손을 내밀었다.

"아까는 내가 미안했어. 너는 아무 잘못도 없는데…… 내가 경솔했던 것 같아. 그리고 선생님 말씀을 듣고 네가 얼마나 착하고 대단한 아이인지 새롭게 알게 됐어. 우리 친하게 지낼래?"

의외였다. 자존심 강하고 자기 잘난 맛에 푹 빠져 있는 수연이었는데, 먼저 친구하자고 청하는 일이 다 있다니. 수연이도 선생님 말씀에 감동을 받은 것이 틀림없다.

"아, 아니…… 뭐 그런 걸 가지고. 친하게 지내자고 말해 줘서 오히려 내가 더 고마워. 그리고 뭐 내가 그렇게 대단한 건

네 생각은 어때?

찬호네 반 아이들은 보이지 않는 곳에서 모두가 귀찮아하고 싫어하는 일을 도맡아 하는 은진이를 무시하고 싫어합니다. 선생님은 이런 아이들에게 '어짊'에 대해 말해 줍니다. 어짊이란 무엇이며, 자신이 일상생활에서 어짊을 실천한 경험이 있다면 어떤 경우였는지 적어 보세요.

▶풀이는 193쪽에

아니야. 선생님께서 너무 좋게 말씀해 주신 것뿐인데…….”

수연이와 은진이는 다른 아이들은 아랑곳하지 않고 서로 손을 맞잡았다. 이 모습을 본 아이들은 자못 박수라도 칠 듯한 분위기였다. 정말 멋진 장면이다. 나도 무척 감동받았다.

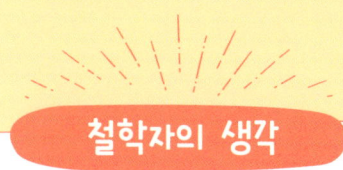

어짊을 실천하는 방법

모두가 좋아하는 사람을 나도 좋아해야 할까?

　우리 모두에겐 여러 사람이 하는 일을 생각 없이 따라 하는 경향이 있다. 대다수가 좋아하면 나도 덩달아 좋아하고 대다수가 싫어하면 나도 싫어한다. 이러한 행동을 '군중 심리에 휩쓸린다.'라고 표현한다. 어느 한 사람이 나서서 "나쁜 사람이야!"라고 말하면 나쁜 사람인 줄 알고, 또 어느 누가 "좋은 사람이야!"라고 말하면 좋은 사람으로 생각하기 일쑤다. 이것은 좋고 나쁨에 대한 아무런 기준 없이 사람을 판단하는 것과 같다.

　어짊을 이루려면 나의 입장에서 남을 싫어하거나 좋아하는 것이 아니라, 이치를 따져서 좋은 것과 나쁜 것이 무엇인가를 판단하고 행동해야 한다. 이렇게 해서 좋은 것은 좋아하고, 나쁜 것은 싫어하며, 나쁜 것은 점차 좋은 것으로 고쳐 나가야 한다.

모두가 미워하는 사람을 나도 미워해야 할까?

공자는 다음과 같이 강조했다.

"여러 사람이 미워하더라도 반드시 살펴보며, 여러 사람이 좋아하더라도 반드시 살펴보아야 한다."

남을 좋아하고 미워하는 일은 조심스럽게 해야 한다. 즉 사랑을 기준으로 좋아하고 미워해야 한다. 좋은 것을 좋다 하고 나쁜 것을 나쁘다고 해야 하는 것이다. 이는 쉬운 일이 아니다.

여러 사람이 한 사람을 미워하더라도 내가 반드시 살펴야 하는 이유는, 그 사람의 행동이 착하지 못한 것 같지만 뜻은 취할 만한 것이 있을 수 있기 때문이다.

오직 어진 사람이라야 남을 좋아하거나 미워할 수 있다. 보통 사람이 좋아하고 미워하는 경우, 꼼꼼히 살피지 않으면 잘못된 생각에 가려진 것이 있을 수도 있다.

즐거운 독서 퀴즈

1 서로 관련 있는 것끼리 선으로 연결해 보세요.

양보 •　　　　　　　• 仁

어짊 •　　　　　　　• 남을 위해 자신의 이익을 희생하는 것

예의 •　　　　　　　• 禮

극기 •　　　　　　　• 욕망과 싸우는 훈련

정답
- 양보 - 남을 위해 자신의 이익을 희생하는 것
- 어짊 - 仁
- 예의 - 禮
- 극기 - 욕망과 싸우는 훈련

2 아래 낱말 중 공자, 또는 공자의 철학과 관련 있는 말에 동그라미 해보세요.

> 의심   인(仁)   논어
> 예(禮)   정의   이성

3 다음 문장에서 공통적으로 설명하는 단어는 무엇일까요?
(   )

> • 내가 원하지 않는 것을 남에게 행하지 않는 자세
> • 어려운 사람을 도와주고 힘든 일엔 솔선수범하는 사람이 갖고 있는 덕목
> • 남을 소중하게 생각하고 사랑하는 마음
> • 나의 욕망을 이겨 내어 예의를 실천하는 것

❶ 행복   ❷ 어짊[仁]   ❸ 중용   ❹ 도덕

2 인(仁), 논어, 예(禮)
3 ❷ 어짊[仁]

가까운 곳에서 한 단계씩 넓혀 갈 수 있으면,
사랑을 실천하는 좋은 방법이라고 말할 수 있다.
— 『논어』, 「옹야」

3

진리와 사랑은 가까운 곳에 있다

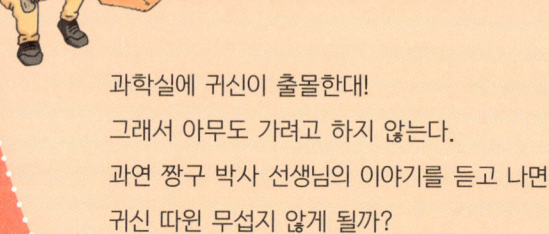

과학실에 귀신이 출몰한대!
그래서 아무도 가려고 하지 않는다.
과연 짱구 박사 선생님의 이야기를 듣고 나면
귀신 따윈 무섭지 않게 될까?

과학실 귀신

얼마 전부터 아이들 사이에 이상한 소문이 돌았다. 4층 과학실에 뭔가가 있다는 얘기였는데, 아마도 귀신일 것 같다는 확신에 찬 주장을 하는 친구들도 있었다.

아무도 직접 보았다는 아이를 알지는 못했지만 누군가에게 들었다는 아이들은 많았다.

방과 후에 과학실 앞에서 귀신을 봤다, 또는 희끄무레한 형체가 지나가는 것을 진짜 봤다고 하더라, 친구의 친구가 친구에게 들었다더라, 그런 얘기들이었다.

한번은 오건이가 바짝 긴장한 얼굴로 아이들에게 소문을 전한 적도 있었다.

"글쎄, 몇 년 전 과학실에서 혼자 실험을 하던 여자아이가 폭발 사고로 죽은 일이 있었대. 약품을 섞다가 뭔가 펑 터져서 온몸에 화상을 입고…… 으…… 그만 죽고 말았다는 거야. 그 뒤로 과학실을 새로 고쳐서 아무 일 없는 것처럼 모두 입을 다물었지만, 그때 죽은 여자아이가 요즘 나타나고 있대. 밤마다 혼자 나와서 계속 실험을 하고 있다는데, 어때? 진짜 소름 끼치지? 난 이제 과학실은 안 갈래."

마귀 손 벤치에서 더운 여름날, 게다가 환한 대낮에 듣는 얘기였는데도 기태와 나는 등줄기가 추워졌다.

믿을 수 없는, 아니 믿고 싶지 않은 소문이었다. 아이들은 과학실에 가는 것을 꺼렸다. 그런 까닭에 과학실 청소 당번도 제비뽑기로 겨우 정했다. 가로등 없는 캄캄한 시골길도 겁 없이 지나다녔던 나도 왠지 그쪽으로 가기가 꺼려졌다. 과학실의 인체 해부 모형이나 박제된 동물만 봐도 사실 으스스한 생각이 들었다.

어느 날 과학 수업이 있는 날이었다. 과학실에 가서 실험 도구를 가져와야 하는데 아이들이 서로 가지 않겠다고 버텼다. 과학 부장이면서 검도가 3단이라고 자랑하던 영호조차도 발목을 삐어서 걷기가 힘들다며 뻔히 보이는 꾀병을 부

리는 것이었다.

결국 수업이 시작되었는데도 수업에 사용할 준비물을 챙기지 못했다.

그때 선생님이 들어오셨다.

"아니, 왜 책상이 비어 있는 거지? 실험 교구는 어디 있는 거냐?"

아이들은 서로 눈치를 살피며 대답을 하지 못했다.

"영호야, 네가 말해 봐라. 과학 부장이면 책임을 다해야지. 실험 도구는 왜 챙겨 놓지 않았니?"

"저…… 그게…….”

영호가 쭈뼛대며 말을 못 하자 수연이가 나섰다.

"선생님, 귀신이 무서워서 그랬대요. 과학실에 귀신이 있는데, 그게 무서워서 아무도 못 간 거예요."

선생님은 어이없으신 듯 껄껄 웃으셨다.

"누가 과학실에 귀신이 있다는 말을 하더냐? 누구 직접 본 사람이 있어?"

"보지는 못했지만 있는 건 확실해요. 누가 그러는데 밤에 학교에 왔다가 진짜 봤대요. 실험하다 죽은 여자아이를요."

한 아이가 대답하자 여기저기서 웅성댔다. 나도 그 얘기를 들었다는 둥, 우리 형의 형들도 그 사실을 안다는 둥, 주위들은 말들을 했다.

"알았다, 알았으니까 모두 조용!"

선생님이 아이들을 진정시켰다. 일시에 소란스럽던 분위기가 잠잠해졌다.

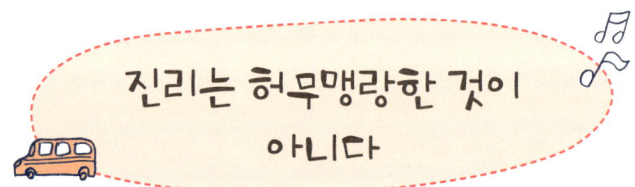

진리는 허무맹랑한 것이 아니다

"너희들 가운데 귀신에 대해 설명할 수 있는 사람 있니?"
선생님의 물음에 영호가 대답했다.
"흰 옷을 입고 머리를 길게 풀었어요. 엄청 무서워요."
"그럼 영호는 그런 모습을 한 귀신을 직접 봤니?"
"직접은 아니지만 영화나 텔레비전에서 많이 봤어요."
"요즈음 귀신에 대해 이러쿵저러쿵 말들이 많은 걸 보니 괴상한 것이나 신비의 세계에 빠지는 사람이 많은 것 같구나. 알 수 없는 세계에 대해 관심을 갖는 사람도 많지. 옛날에 공자의 제자 자로가 귀신을 어떻게 섬겨야 하느냐고 공자에게 물었다. 이 질문에 공자는 뭐라고 답했을까?"

선생님이 아이들을 둘러보자 오건이가 대답했다.

"예를 다해 공손히 제사 지내야 한다고 했을 것 같아요."

"아니다. 공자는 '자로야, 살아 있는 사람도 제대로 모시지 못하는데 어떻게 귀신을 섬길 힘이 있겠느냐?'라고 말했단다."

오건이의 얼굴이 약간 붉어졌다. 일전에 선생님의 말씀을 들은 뒤로는 말을 많이 조심하는 오건이었지만, 나서는 버릇이 아주 없어지지는 않았나 보다.

"이 세상과 우주에는 진리가 있다. 진리는 세상을 바로 세우는 데 쓰이고, 사람은 그 진리를 담는 그릇이다. 그래서 사람과 진리는 서로 떨어져 있지 않단다. 진리를 '도(道)'라고 말하기도 하는데, 사람이 살아가는 데 필요한 방법 또는 방식을 의미한다. 과학을 공부하고, 수학을 공부하고, 그 밖에 다른 학습을 통해서 우리는 삶에 필요한 길을 찾아낸다. 진리는 허무맹랑한 것이어서는 안 된다."

"선생님, 사람은 반드시 죽잖아요. 그런데 왜 죽을까요? 저는 그게 궁금해요."

답을 제대로 말하지 못해서 풀이 죽었던 오건이가 질문했다. 아마 깎인 점수를 만회하고 싶어서 질문을 생각해 냈

나 보다. 나름대로 좋은 질문이라는 칭찬을 듣고 싶은 욕심에 그랬겠지. 오건이는 가끔 지나치게 용기가 있다. 조금 전의 겸연쩍어하던 모습은 그새 어디로 가고 씩씩하게 손을 들다니 말이다.

"태어남이 있으면 죽음이 있단다. 사람 사는 이치를 알지 못하는데 어떻게 죽음을 알 수 있겠니? 먼저 현실에서 행해야 하는 것이 무엇인가를 아는 것이 옳다. 오건이는 공자의 옛 제자인 자로를 많이 닮은 것 같구나. 오건이가 물었던 것과 똑같은 것을 자로가 질문했는데, 공자도 선생님과 똑같이 대답했단다. 공자는 자로의 질문에 '살고 있는 지금, 바로 현재를 먼저 생각해야 한다.'라는 답변을 했어."

자로가 어떤 제자였는지 모르겠지만, 짱구 박사 선생님의 말씀에 오건이 표정이 모호해졌다. 유명한 제자였다니 공자처럼 훌륭한 사람이었다는 뜻일까? 아니면 말이 많고 잘난 척하는 그런 제자였다는 의미일까? 오건이도 나와 같은 생각을 하면서, 자로를 닮았다는 선생님의 말씀이 칭찬인지 아닌지 생각하고 있나 보다.

"낮이 있으면 밤도 있다. 또한 봄, 여름, 가을, 겨울은 차례로 온다. 이것이 자연의 이치이듯 죽고 사는 것도 같은 이치란다. 사는 방법을 터득하면 그것이 죽음의 이치이고, 또 살아 있는 사람을 잘 섬기면 귀신 섬기는 도리를 다하는 것이 된다는 말이지. 무슨 말인지 알아듣겠니?"

선생님의 설명을 들으니 조금 알 것 같았다. 보이지 않는 세계에 대해 괜히 깊이 생각하지 말고 지금 현재를 충실히 잘 살아야 한다는 뜻 아닐까?

엄마도 항상 이렇게 말씀하셨다.

"나중에 할 생각 말고 지금 잘해! 지금 잘해야 나중에도 잘할 수 있는 거야. 나중에 잘할 생각으로 계속 미루면 뭐가 되겠니?"

매일 듣는 잔소리라 '나중에……'만 나오면 귀를 막았었는데 내가 이해한 것이 맞는다면, 엄마가 공자님 말씀을 하신 거네? 엄마도 『논어』를 읽으셨나?

아이들이 고개를 끄덕거리자 선생님은 아주 흡족한 듯 웃으며 계속 말씀하셨다.

"공자는 사람을 가르칠 때 비현실적인 것에 대해서는 아예 말을 하지 않았다. 첫째는 괴이한 것이니 비상식적이라서, 둘째는 무력으로 덕을 방해하는 것이기에, 셋째는 어지러운 것이니 인류 평화에 해가 되기 때문에, 넷째 귀신은 우리가 알 수 없는 세계이기 때문이지. 우리 눈앞의 현실적인 것을 다 알기에도 힘이 모자라는데, 알 수 없는 세계를 다루는 것은 공부하는 사람의 도리가 아니라고 생각했기 때문이야."

 어려운 이야기가 계속 이어지는데도 아이들 모두가 진지하게 들었다. 짱구 박사 선생님의 말씀은 들을수록 재미있다. 아마도 많은 의미를 담고 있기 때문인 것 같다. 다른 때 같으면 식곤증에 졸고 있을 5교시인데도 나 역시 눈을 또랑또랑 뜨고 있을 정도니까.

 "우리가 살고 있는 현실에서 이치를 찾으라는 말씀인 것 같은데요. 그걸 어떻게 알 수 있는지 모르겠어요."

 조용하게 듣고만 있던 은진이가 역시 조용하게 질문했다. 하나를 알려 주니 열 개를 이해하는구나……. 알고 보니 은진이는 청소만 잘하는 게 아니라 공부도 잘했다. 정말 알수록 대단한 아이다.

 "은진이가 좋은 질문을 했구나. '널리 배우고 독실하게 뜻을 가지며, 간절하게 묻고 가까이 생각하면, 어진 이치가 그 가운데 있다.'라고 했다. 무슨 말인지 잘 모르겠지?"

 "네."

아이들은 처음으로 솔직하게 대답했다. 선생님 말씀이 좋은 뜻인 것 같긴 한데 말이 어려워서 잘 알아듣지 못할 때도 있었는데, 지금 하신 말씀은 진짜 어렵다.

선생님은 허허 웃으면서 설명을 이어 가셨다.

"넓게 배워서 견문을 넓히고 뜻을 돈독하게 해서 의지를 다지는 것이 중요하다는 말이란다. 배우기만 하고 의지가 굳지 않으면 보잘것없이 커서 성공하지 못하고, 범위가 너무 넓으면 수고롭기만 할 뿐 수확이 없단다. 예를 들어 배추를 심는다고 해 보자. 열심히 비료 주고 거름 치고 밭일을 하는데, 달랑 한 포기만 키운다면 그것으로 무엇을 할 수 있겠니? 반대로 혼자 해 내기엔 힘에 부칠 정도로 넓은 밭에 배추를 가득 심으면 너무 힘이 많이 들 거고, 또 제대로 돌보지 못해 수확을 한다 대도 무척 어려울 거야. 배움도 마찬가지란다. 배우는 범위와 깊이를 제대로 알아서 열심히 묻고 생각하면 이치를 깨달을 수 있다는 말이지."

배추 농사를 비유로 드니까 금방 알겠다. 맞아, 엄마도 공부하는 것을 농사에 비유하시곤 했다.

'네가 정성을 쏟고 기른 만큼 수확을 거둘 수 있는 거야. 심어만 놓고 돌보지 않으면 어떻게 되겠니? 공부도 마찬가

지다. 네가 한 만큼 성적도 오르는 거야.'

선생님의 말씀을 들으니 잔소리로만 생각했던 엄마 말씀이 갑자기 철학자의 명언처럼 생각되었다.

"진리는 먼 곳에서 찾을 게 아니라 가까운 곳에서 찾아야 한다. 주변을 잘 살피면 우리가 이루어야 할 삶의 이치가 있다. 세상을 살아가는 방법이나 남을 사랑하는 이치와 같은 삶의 도리는 모두 우리 주변에 있단다."

정말 그러네? 진리를 먼 곳에서 찾지 말고 내 주변에서부터 찾으라는 말씀이 진리였네. 엄마 말씀만 잘 들었어도 벌써 삶의 이치를 깨쳤을 텐데.

선생님 말씀이 끝나 가는 것 같다. 선생님이 탁자에서 책들을 하나 둘씩 덮으면서 포개는 것을 보면 알 수 있다. 이제 곧 수업을 끝낸다는 표시다. 선생님은 무의식적으로 하는 행동이라 잘 모르시겠지만, 아이들은 진즉 그런 습관을 눈치 채고 있었다. 그래서 훈화가 끝도 없이 지루하게 이어질 때 선생님이 책을 만지기만 해도 끝나는 줄 알고 미리부터 좋아했다.

"이 세상에서 가장 위대한 사람은 누구일까? 예수, 석가모니, 마호메트와 같은 성자도 있겠고, 소크라테스와 간디

같은 위인이 생각나겠지? 그렇다면 너희 집 부엌에서 행주마를 날 없이 일하시는 어머니는 어떨까? 진리를 실천하는 사람이 우리 주변에 있다는 것을 잊어서는 안 된단다. '등잔 밑이 어둡다.'라는 속담이 있지? 바로 우리 곁에 진리가 있고 위대한 사람이 있다. 마찬가지로 진리는 나로부터, 나의 주변으로부터 실천하는 것이다. 형은 동생을 사랑하고 동생은 형에게 대들지 않으며, 자식은 부모를 속상하게 하지 않는 것, 그것이 바로 남을 사랑하는 어짊의 실천이고 진리의 실천이다."

드디어 짱구 박사 선생님의 말씀이 끝났다. 아이들은 수업이 끝났다는 가뿐함과 함께, 선생님 말씀에 감동하면서 가방을 챙겼다. 여느 때보다 화목한 분위기로, 서로에게 다정한 말을 건네며 교실을 나서니 나도 모르게 사랑이 솟는 것 같다. 가슴도 따뜻하고 기분이 좋았다. 참 좋은 경험이다. 집에 가면 엄마와 아빠, 그리고 누나에게 착한 아들이자 동생이 되도록 노력해야겠다. 쑥스러워서 잘할 수 있을지 모르겠지만.

그나저나 선생님 말씀을 듣느라 과학 수업을 빼먹어서 다음 주에는 과학만 두 시간이나 해야 한다. 어휴, 머리를 팽 팽 돌려야겠군. 천천히 배워도 어려운 게 과학인데. 뭐, 그렇지만 오늘 더 큰 진리를 배워서인지 마음도 뿌듯하고 머리도 꽉 채워진 것 같다.

네 생각은 어때?

과학실에 출몰한다는 귀신 이야기를 들은 선생님은 '진리'가 무엇인지에 대해 말씀하셨어요. 선생님 말씀을 잘 헤아려 보고 여러분이 생각하는 진리는 무엇이며, 여러분 주변의 평범한 사람들이 진리를 실천하는 모습을 적어 보세요.

▶ 풀이는 193쪽에

철학자의 생각

가까운 곳에서부터
사랑을 실천하라

자신이 출세하고 싶으면 남을 먼저 출세하게 하라

『논어』에는 어짊에 관한 이야기가 가장 많이 나온다. 어질다는 것은 사랑, 건강, 다른 사람의 입장에서 생각하고 배려하는 것 등을 뜻한다.

공자는 제자들과 함께 어짊에 대해 많은 토론을 했다. 하루는 자하가 공자에게 물었다.

"선생님, 만약 백성에게 널리 베풀고, 어려움에 빠진 백성을 구한다면 어떨까요? 어질다고 말할 수 있을까요?"

공자가 말했다.

"어찌 어질다는 것에 그치겠느냐? 반드시 성스러운 경지일 것이다. 옛날 누구보다도 백성을 아끼던 요임금과 순임금은 오히려 그 어진 사랑을 부족하게 여기셨다. 어진 사람은 자기가 서고자 하면 남을 서게 하며, 자기가 출세하고자 하면 남을 먼저 출세하게 한다. 가까운 곳에서 한 단계씩 넓혀 갈 수 있으면 사랑을 실천하는 좋은 방법이라고 말할 수 있다."

다른 사람을 아끼고 사랑하는 것보다 더 좋은 것은 없다. 이는 물에 빠져 위기에 처한 사람을 구해 내는 것과 같다. 사랑의 실천보다 더 중요한 것은 없다. 이런 일은 어질다는 것 이상으로 거룩하다.

많은 사람이 출세하고 싶다고 말한다. 이때 중요한 것이 있다. 출세란 세상에 나오는 것인데, 세상에 나온다는 것은 지도자가 되는 것이다. 지도자는 사람을 잘 이끌어 편안한 삶을 살 수 있도록 길을 만들어 주는 자이다. 그렇기 때문에 나보다 능력 있는 사람이 있으면 그 사람에게 양보해야 한다. 마찬가지로 내가 부귀영화를 누리고자 한다면 나 말고 남이 있다는 것을 반드시 살펴야 한다. 이 같은 사랑의 실천은 내 주변에서부터 시작하는 것이다.

형제와 부모를 아끼고 사랑하는 것이 인류애의 출발점

사람들에게 '이 세상에서 가장 위대한 사람은 누구인가?'라고 물으면 흔히 소크라테스, 석가모니, 예수, 마호메트, 간디, 링컨 등 위인을 꼽는다. 그렇다면 집 부엌에서 하루 종일 행주를 손에 놓지 못하는 어머니는 누구인가? 진리를 실천하는 사람이 주변에 있음을 잊어서는 안 된다. 등잔 밑이 어두울 때가 있다.

우리는 인류를 구제해야 한다. 공자는 이것이야말로 아무리 강조해도 모자란다고 보았다. 이런 목표는 내 주변에서 시작해서 이루어야 한다. 형은 동생을 사랑하고 아우는 형에게 대들지 않으며, 자식은 부모를 속상하게 하지 않아야 한다. 이것이 바로 인류애의 출발점이다.

즐거운 독서 퀴즈

1 아래 문장이 가리키는 말을 보기에서 골라 써 넣으세요.

보기
ⓐ 진리
ⓑ 사랑
ⓒ 자연의 이치

❶ 형제, 부모 등 가까운 사람에게 실천하며 한 단계씩 넓혀 가야 하는 것 (   )
❷ 세상을 바로 세우는 데 쓰이는 것 (   )
❸ 봄, 여름, 가을, 겨울의 순환 (   )

 정답

❸ ⓒ
❷ ⓐ
❶ ⓑ

2 다음은 짱구 박사 선생님이 공자의 사상을 표현한 말이에요. 괄호 안에 공통적으로 들어갈 수 있는 낱말을 써 보세요.

이 세상과 우주에는 (　　　　)가 있다.
(　　　　)는 세상을 바로 세우는 데 쓰이고, 사람은 그 (　　　　)를 담는 그릇이다. 그래서 사람과 (　　　　)는 서로 떨어져 있지 않단다. (　　　　)를 '도(道)'라고 말하기도 하는데, 사람이 살아가는 데 필요한 방법 또는 방식을 의미한다. 과학을 공부하고, 수학을 공부하고, 그 밖에 다른 학습을 통해서 우리는 삶에 필요한 길을 찾아낸다. (　　　　)는 허무맹랑한 것이어서는 안 된다.

배우기만 하고 생각하지 않으면 어둡고,
생각만 하고 배우지 않으면 위험하다.
— 『논어』, 「위정」

모르면 모른다고 말해!

시험은 언제나 괴로워.
그런데 짱구 박사 선생님께서 우등생이 되는
비법을 알려 주신대. 자, 다들 귀를 쫑긋 세우고
들어 볼까? 우리도 우등생 한번 되어 보자고.

으, 괴로운 시험!

 시간은 금방 흘러 학기말 고사가 다가왔다. 공부를 한다고 하긴 했는데 영 자신이 없다. 시험을 앞둔 날 점심시간에 우리는 마귀 손 벤치에 모여 앉았다.
 "나는 시험 운이 없는 것 같아. 공부를 많이 해도 꼭 미처 보지 못한 데서 문제가 나오더라."
 오건이가 투덜댔다. 하긴 내가 보기에도 오건이는 아는 것이 많았다. 그런데 문제는 학교에서 배우는 것 말고 다른 걸 더 많이 안다는 것이다. 시험 문제와는 그다지 관련 없는 잡다한 지식만 많으니 점수가 나쁠 수밖에.
 "뭐? 시험은 운이라고? 아니야. 공부를 많이 한 만큼 점수를 받는 거지. 나는 그렇게 생각해."

사오정 기태가 단호하게 말했다.

"아직도 이비인후과 안 가 봤냐? 야, 사오정! 내가 시험 운이 없는 것 같다고 했지, 언제 시험은 운이라고 했냐? 어휴, 내가 답답해서."

오건이가 기태를 면박 주었다. 다른 때보다 심하게 기태에게 짜증 내는 건 아마 기태의 성적이 더 좋기 때문일 것이다. 기태는 다른 사람 말은 잘 못 알아듣는데도 성적은 좋다. 하긴 귀에 문제가 있는 것이지, 눈에 문제가 있는 건 아니니까. 기태가 글자를 틀리게 읽는 적은 거의 없었다.

내가 더 큰일이다. 시골에서는 그럭저럭했지만 서울에 와서 처음 보는 시험인데다, 시골 학생과 서울 학생의 수준 차이가 많이 난다는 말을 들었기 때문이다. 학생 수가 훨씬 적은 시골과 많은 아이들이 경쟁하는 서울에서 치르는 시험은 아무래도 성적 차이가 크겠지?

부모님이 서울로 이사하면서까지 우리 남매 뒷바라지를 하시는 걸 생각해서라도 점수를 잘 받아야 하는데, 걱정이 많이 된다.

그렇게 마음 졸이던 시험이 끝나고 결과가 나왔다. 나는 아주 못한 것은 아니지만 기대보다 좋은 점수가 나오지는 않았다. 엄마 아빠가 이걸 보시면 속이 상하실 것 같다. 더 열심히 할걸.

시험 점수를 아이들에게 확인시키고는 선생님이 말씀하셨다.

"너희들 모두 우등생이 되고 싶지?"

아이들은 당연하다는 듯이 큰 소리로 그렇다고 외쳤다. 그렇잖아도 점수가 좋지 않아서 속상한데 선생님까지 약 올리려고 그러시는 건가?

"그럼, 우등생이 될 수 있는 방법을 이 선생님이 알려 줄까?"

아이들은 선생님의 말이 끝나기가 무섭게 어서 알려 달라며 졸랐다.

우등생 되는 법

"공자가 우등생이 될 수 있는 방법을 알려준단다. 군자의 아홉 가지 좋은 생각이 그것이야. 여기서 군자란 모범생, 우등생과 같은 의미로 사용된 말이니까 잘 들어 보렴. 군자는 아홉 가지를 늘 생각하며 산다고 했다. 볼 때는 분명하게 볼 것을 생각하고, 들을 때는 분명하게 들을 것을 생각하고, 얼굴빛은 온화할 것을 생각하고, 태도는 공손할 것을 생각하고, 말은 진실할 것을 생각하고, 일은 경건하게 할 것을 생각하고, 의심나면 물을 것을 생각하고, 분할 때는 나중에 어려운 일 당할 것을 생각하고, 이익을 접하면 정의를 생각한다."

아이들은 '시험에서 100점 맞기 위한 족집게 강의'나 '모범생의 공부 방법' 같은 것을 기대했다가 공자님 말씀이 나오자 대단히 실망했다.

"에이, 그런 거 한다고 점수 잘 받는 거 아니잖아요. 저는 복습하기, 예습하기, 뭐 그런 건 줄 알았는데……."

수연이가 볼멘소리로 말했다. 우등생인 수연이가 저런 불평을 하는 걸 보니 이번 시험은 잘 보지 못한 모양이다.

"그래, 맞아. 복습하기. 선생님이 첫 시간에 복습이 중요하다는 말은 했었지. 그 말은 이러이러한 생각과 마음가짐을 가지면 모범생이 될 수 있다는 뜻으로 알려 준 것인데, 너희들에게 그다지 도움이 되지 못한 모양이구나."

선생님은 무엇이 좋은지 허허 웃으며 다음 이야기를 들려주셨다.

"시험을 잘 보려면 답을 알아야겠지? 그럼 어떻게 하면 잘 알 수 있을까? 저번에 너희에게 소개했던 공자의 제자 자로는 특히 남에게 지기 싫어하는 사람이었단다. 그래서 간혹 모르는 것이 있어도 그것을 인정하지 않고 오히려 아는 체하곤 했지. 그런 자로에게 공자가 이렇게 말했어. '자로야, 너에게 아는 것이 무엇인지 가르쳐 주마. 무엇을 알면 안다고 하고 모르면 모른다고 하는 것이 진정 아는 것이다.'"

짱구 박사 선생님은 목이 마른지 큼큼 기침을 하고는 계속해서 말씀하셨다.

"아는 것을 안다고 하고 모르는 것을 모른다고 하는 것이 중요하단다. 자신의 마음을 속이지 않는 솔직한 태도가 진정한 앎이란 말이지. 너희들은 선생님이 설명하는 것을 모두 다 알겠니? 모르는 것도 있겠지? 그럴 때 아는 것처럼 끄덕이지 말고 모르는 것은 모른다고 말하렴. 그래야 제대로 알고 넘어갈 수 있단다. 몰라도 아는 것처럼 했다가는 결국 시험에서 답을 못 쓰는 일이 생길 수도 있어. 부끄러워하지 말고 모르는 것은 다시 물어봐라. 그것이야말로 올바른 공부 방법이다."

이번엔 정말로 모두 다 알았다는 듯이 고개를 끄덕였다. 선생님의 이 말씀을 이해하지 못할 친구는 없을 것이다. 이렇게 잘 알면서도, 막상 수업 시간에는 이상하게 묻는 것이 부끄럽다. 혹시라도 혼자만 모르는 것일까 봐 다시 질문도 못 하고 아는 듯 넘어가는 경우가 많다. 이번 시험에서도 그렇게 미처 이해하지 못하고 넘긴 부분에서 틀린 것이 많다. 이제부터는 꼭 실천해야겠다.

"무엇을 생각한다는 것은 진리를 찾는 일이다. 국어, 수학을 공부하는 것 역시 진리를 쌓는 방법이다. 그렇다면 생각과 공부 가운데 어떤 것이 더 중요할까?"

아이들은 선뜻 대답을 하지 못하고 고개를 갸웃거렸다. 모르는 것을 모른다고 말하라고 했더니 너무 솔직해져 버렸나 보다.

"어려운 질문이지? 자, 선생님의 말을 기억하렴. '배우기만 하고 생각하지 않으면 어둡고, 생각만 하고 배우지 않으면 위험하다.' 어떠냐, 알 것 같니?"

"모르겠어요."

너무 당연한 듯 아이들이 대답했다.

네 생각은 어때?

공자는 "아는 것을 안다고 하고 모르는 것을 모른다고 하라. 이것이 참으로 아는 것이다."라고 가르쳤습니다. 그런데 소크라테스는 "너 자신을 알라."라고 설파하면서 참으로 아는 것이 아는 데 있지 않고 알지 못하는 것을 깨닫는 데 있음을 지적했어요. 공자와 소크라테스의 앎이 어떻게 다른지 적어 보세요.

▶ 풀이는 194쪽에

생각과 공부는 함께

"흠. 이 말은 생각과 배움은 함께 해야지, 어느 한쪽에만 치우쳐서는 안 된다는 뜻이다. 배우고 또 생각하면 아는 것이 더욱 굳건해지고, 생각하고 또 배우면 지키는 것이 더욱 단단해진다. 만약 배우기만 하고 그 이치를 생각하지 않으면 입과 귀로 하는 공부일 뿐이니 배운 것이 다 겉핥기가 되어 얻는 것이 없다. 또 생각만 할 뿐 그것이 허무맹랑한 것인지 아닌지, 자료를 가지고 검토하지 않으면 소견은 위태로울 뿐이다. 그러므로 학문은 자료를 습득하고 검토하는 공부가 함께 진행되어야 한다는 말이다."

어렵게 들리긴 했지만 '생각과 공부를 같이해라.' 결국 이 말인 것 같다.

짱구 박사 선생님의 말씀이 계속되었다.

"어떤 사람은 진리를 생각해서 찾으려고 한다. 이것은 공부하는 사람의 태도가 아니다. 생각하지 않으면 진리를 얻지 못한다고 해서 먹지도 자지도 않으면서 생각만 한다면 좋은 방법이라고 할 수 없다. 그러므로 배우는 것을 그만두어서는 안 된다. 배움과 생각은 같이해야 한다는 말이야. 알겠지?"

내 생각이 맞나 보다. 선생님의 부연 설명이 내 생각과 똑같은 걸 보니 말이다. 짱구 박사 선생님께 배우니까 내 생각도 어느새 커졌나 보다. 역시 '배움과 생각은 함께'라는 말이 맞는 것 같다.

"너무 많이 생각해서도 안 된다. 오히려 일을 그르칠 수 있기 때문이야. 옳은 판단을 했음에도 다시 생각하면 잘못된 답에 이를 수도 있다. 중국 노나라에 계문자라는 사람이 있었다. 그는 주도면밀한 인물이어서 무슨 일이 있을 때 반드시 세 번 생각했다. 선생님은 계문자에게서 교훈을 얻었단다. 그는 이렇게 말했어. '사람이 일을 할 때 반드시 먼저 생각해야 한다. 그러나 생각이 지나치면 도리어 일을 그르칠 수 있다. 마음을 편안하게 먹고 두 번 자세히 생각하면 옳고 그른 것을 다 판단할 수 있다. 그 정도에서 생각을 그만하는 것이 좋다. 그러니 세 번까지 갈 필요는 없다.'"

나는 생각이 너무 짧아서 문제인데…… 그래서 엄마가 늘 더 깊이 생각하라고 말씀하시는데 말이야. 짱구 박사 선생님 얘기를 들으니 생각이 너무 깊은 것도 문제구나. 아, 어렵다 어려워.

 ## 시도도 않고 포기하다니

　선생님의 긴 말씀이 거의 끝나고 우리는 시험지를 다시 확인했다. 혹 채점이 잘못된 것이 있을 수 있으니 살펴보라고 하셨다.

　그때 희진이가 조심스럽게 손을 들었다.

　"선생님, 저는 열심히 하는데도 점수가 잘 안 올라요. 왜 그런지 모르겠어요. 아무래도 제 힘이 부족한가 봐요."

　희진이로선 꽤 용기가 필요한 말이었을 것이다. 친구들이 모두 듣고 있는 자리에서 자신의 부족함을 드러내는 것이 말처럼 쉽지 않기 때문이다. 그만큼 희진이도 성적이 오르지 않아 속상했던 모양이다.

"희진아, 힘이 부족하다는 것은 목표를 이루기 위해 시도하다가 중간에 그만두는 것을 말한단다. 지금 너는 네 스스로 네 능력의 한계를 정해 버리는구나."

선생님의 목소리는 따뜻하지만 힘이 실려 있었다.

"자신의 타고난 능력과 재주만을 믿어서는 안 되는 거란다. 그것만 믿어서는 그야말로 능력의 한계에 이르고 말지. 공부란 흐르는 물을 거꾸로 흐르게 하는 것과 같아서 꾸준히, 날마다 앞으로 나아가지 않으면 뒤로 밀려날 수밖에 없단다. 가만히 있기만 해도 뒤로 떠밀려 가고 말겠지. 공부가 피자나 돈가스처럼 맛있기만 하다면 누군들 열심히 하지 않겠니? 힘들고 재미없는 부분도 있지만 꾸준하게 열심히 하면 누구라도 잘할 수 있단다. 시도도 하지 않고 포기해 버리면 더 큰 공부를 위해 안타까운 일이겠지? 더 할 수 있을 텐데 말이야. 이건 희진이에게만 하는 말이 아니다. 너희들 모두 조금 어렵다고, 하기 싫다고 포기하면 더 큰 일을 할 수 없게 된다. 그런 기회는 모두 가져 봐야 하지 않겠니?"

선생님 말씀에 아이들은 큰 소리로 입을 모아 "네!"라고 대답했다. 결심이 다시 새롭다. 열심히 해야지. 쉬지 않고 해야지. 공부가 흐르는 물길을 따라 흘러가는 것처럼 쉬운 일은 아니니까. 연어도 온 힘을 다해 물길을 거슬러 올라가잖아. 내가 연어보다 힘이 부족할 건 없어. 잘해 보자!

주위를 둘러보니 친구들의 얼굴빛이 모두 결연하다. 이러다 모두 우등생 되는 거 아냐?

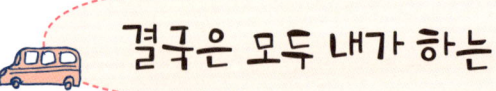

결국은 모두 내가 하는 것

"너희들 얼굴을 보니 모두 의지가 넘쳐 보이는구나. 좋아. 선생님이 한마디만 더 하마. '유종의 미'라는 말을 들어 봤지? 무엇을 시작했으면 반드시 끝을 보는 아름다움 말이다. 너희들 중에 지금 이런 결심을 하고서도 끝까지 가지 못하고 중간에 포기하는 친구도 있을 것이다. 또 반대로 목표를 이루는 친구도 있을 거야. 이것은 모두 내가 하는 것이다. 남이 해 주는 것이 아니지. 공자가 한 말을 예로 들어 볼게. '흙 한 삼태기가 모자라 이루지 못하고 그만두는 것도 내가 그만두는 것이다. 땅을 고르는 데 비록 흙 한 삼태기를 덮는다 하더라도 나아가는 것은 내가 나아가는 것이다.' 움푹 팬 땅을 덮으면서 한 삽만 부어 넣어도 그 길은 내가 지나갈 길이다. 팬 곳이 메워지지 않아 울퉁불퉁 가도 내가 가는 것이다. 모두 다 내가 하는 만큼이란 말이다. 배움을 그만두는 것도 내가 하는 것이고, 완성하는 것도 내가 하는 것이다. 이제 선생님 말뜻을 알겠지?"

　아까보다는 조금 작은 소리로 아이들이 대답했다. 마지막까지 완성한다는 말에 자신이 없어진 모양이다. 나도 작심삼일로 끝낸 것이 한두 가지가 아니다. 뚱뚱한 몸 때문에

살을 빼겠다는 결심도 오십 번은 넘게 했다. 물론 그때마다 유혹을 이기지 못해 늘 제자리지만. 에이, 엄마가 만들어 준 음식이 조금만 맛이 없었어도……. 이번만큼은 마지막 결심이 되도록 해야겠다.

살을 빼서 좋은 것도 나! 성적이 오르면 좋은 것도 나! 살 빠지면 너무 잘생겨져서 여자 친구들이 줄 서는 거 아냐? 아, 상상만으로도 행복하다.

선생님은 시험지를 다시 거둔 뒤 칠판에 무언가를 쓰셨다.

"날마다 세 가지로 내 몸 돌아보기."

아이들은 장난처럼 고개를 돌리면서 자기 몸들을 살폈다. 몸을 돌아보라니, 몸이 뭐 어떻다는 말일까?

"하루가 모여서 한 달이 되고, 한 달이 모여서 일 년이 되고, 일 년이 모여서 우리의 인생이 되는 것이다. 그렇지? 너희들도 새 학년이 된 것이 얼마 전 같은데 벌써 한 학기가 끝나 가고 있으니 시간이 얼마나 빨리 지나가는지를 실감하겠지? 하루하루가 그래서 중요한 것이다. 하루의 삶을 얼마나 충실하게 살았는가를 매일 반성하는 이유도 그 때문이란다. 일기를 쓰는 것도 좋은 방법이야. 공자의 제자 중 한 사람인 증삼은 날마다 세 가지 반성을 했다. 남을 위해 일을 하면서 진실하지 않은 것은 없었던가, 벗과 더불어 사귀면서 신실하지 않은 것은 없었던가, 선생님으로부터 전해 들은 것을 복습하지 않은 것은 없었던가, 이렇게 세 가지였단다. 어떠냐, 너희들도 떠오르는 무언가가 있겠지?"

일기를 쓸 때도 숙제라고 생각하면서 썼지, 나는 사실 진심으로 나를 돌아본다는 생각은 하지 못했었다. 그냥 그날 가장 생각나는 얘깃거리를 쓰는 것에 그쳤다.

선생님 말씀을 들으니 마음에 걸리는 것이 많다. 아버지 심부름을 하면서 속으로 불평불만을 가득 담을 때도 있었고, 오건이를 얄미워하는 마음을 가진 적도 있었기 때문이다. 그리고 학교 수업을 복습하는 것…… 사실, 이건 정말 한 번도 해 본 적이 없다. 그러고 보니 세 가지 모두 꽝이네.

아이들 표정을 보니 모두 나와 같았다. 나만 반성하지 않고 살았던 것은 아닌가 보다. 엄마에게 꾸중 들을 때도 잠깐 잘못했구나 생각했다가 채 5분도 되지 않아 까마득히 잊어버렸던 것이 사실이다.

선생님 말씀을 들은 우리 모두는 장난처럼 자기 몸을 훑어보는 게 아니라 진짜 몸을 살펴야겠다는 반성을 했다. 어른들이 옳은 말씀 하는 걸 보고 '공자님 말씀, 공자님 말씀'

하는 소릴 들었는데 정말 우리 짱구 박사 선생님도 공자님 말씀처럼 모두 옳은 말씀만 하시는구나. 나도 모르게 고개가 끄덕거려졌다.

이제야 이해한 듯한 얼굴 표정을 보이는 아이들에게 짱구 박사 선생님이 한 말씀을 더 하셨다.

"모두들 이해한 모양이구나. 너희들을 가르치는 보람이 있다. 허허. 자, 선생님 말을 따라 해 보자. '모범생은 잘못을 자신에게서 찾고, 바보는 남을 탓한다.'"

아이들은 선생님의 말을 따라 외쳤다.

"모범생은 잘못을 자신에게서 찾고, 바보는 남을 탓한다."

선생님은 큰 소리로 입을 모으는 우리를 흡족한 눈길로 바라보셨다.

"그래. 너희들 모두 모범생이 되길 바란다. 자, 이상 수업 끝!"

네 생각은 어때?

아래 두 가지 제시문에 나타난 '앎'을 서로 비교하여 설명한 뒤, 현대 사회에서는 어떤 앎이 더 중요하다고 생각하는지 적어 보세요.

1. 질문은 호기심에서 나온다. 호기심이 없으면 질문도 없다. 호기심은 새로운 것에 대한 열망이며, 새로운 것에 대한 애정의 표현이다. 관심은 인식의 원동력과 같다. 질문은 인식에 대한 욕구를 나타낸다. 만일 모든 사람들이 이미 알고 있는 것을 그저 확인하는 정도에서 지적인 활동을 멈춘다면, 어떠한 지식 체계의 발전도 기대할 수 없을 것이다. 자기의 무지를 인식한다는 것은 앎을 향한 첫발을 내딛는 것이다. 미지의 것, 새로운 것에 대한 물음만이 우리의 앎의 세계를 밝힌다. 모든 과학적인 연구에서는 답이 주어지기 전에 먼저 질문이 제기되는데, 이때 질문은 연구자가 드러내는, 세상에 대한 관심의 표현이다. 학문은 관심에서 출발한다. 관심을 가짐에 따라 질문이 생기는데 학문은 이러한 질문에 대한 해결 방법을 찾는 노력이다. 학문은 남이 만들어 준 답을 배우는 것이 아니라 스스로 끊임없이 질문을 내놓고 그 질문에 대한 답을 구하는 과정이다. 학문은 결과물을 그대로 받아들이는 수동적인 활동이 아니라 자기 관심에서 비롯된 질문에 대한 답을 스스로 찾아 나가는 적극적인 활동이다. 학문은 질문에서 시작된다.

2. 공자가 말했다.
"아는 것이 무엇인지 가르쳐 주마. 무엇을 알면 안다고 하고 모르면 모른다고 하는 것이 진정 아는 것이다." ▶ 풀이는 195쪽에

철학자의 생각

진정한 예절이란 무엇인가?

모르는 것을 묻는 것이 '예의'

공자가 주나라 무왕과 성왕의 정치를 도왔던 주공을 모신 태묘에 들어가 이 일 저 일을 물었다. 그러자 어떤 사람이 벌컥 화를 내며 말했다.

"누가 추땅 사람의 아들이 예를 안다고 말했는가? 태묘에 들어와 이렇게 매사를 묻는데도 말이야."

추땅은 노나라 한 읍의 이름으로 공자가 태어난 곳이다. 추땅 사람이란 공자의 아버지 숙량흘을 가리키는데, 공자는 어릴 적부터 예절에 대해 잘 아는 것으로 소문이 나 있었다. 그런 공자가 제사 지내는 예절을 꼬치꼬치 물어보니 화가 난 것이었다. 공자가 이 말을 듣고 다음과 같이 말했다.

"이것이 예절이다."

이 말의 의미는 '묻는 것 또한 예절'이라는 것이다. 예절은 행동을 삼가는 것이 중요하다. 따라서 주공을 모시는 사당인 태묘의 일에 감히 소홀하거나 대충 할 수 없으니, 꼼꼼히 살피고 조심스럽게 하는 것 또한 중요하다. 공자의 행동처럼 알고, 알지 못함을 모두 좇아 묻는 것은 그 일을 철저하게 하기 위한 것이다. 그것을 깨닫지 못한 사람이 제사 지내는 법을 묻는 공자에게 '예절을 알지 못한다.'라고 꾸짖자 공자는 예절의 진정한 의미인 '묻는 것이 곧 예절'이라는 말로 받아넘긴 것이다.

즐거운 독서 퀴즈

1 다음은 공자가 말한, 군자가 행해야 할 아홉 가지 생각이에요. 빈칸에 알맞은 말을 써 보세요.

> 볼 때는 분명하게 볼 것을 생각하고, 들을 때는 분명하게 들을 것을 생각하고, 얼굴빛은 온화할 것을 생각하고, 태도는 공손할 것을 생각하고, 말은 (   )할 것을 생각하고, 일은 경건하게 할 것을 생각하고, 의심나면 물을 것을 생각하고, 분할 때는 나중에 어려운 일 당할 것을 생각하고, 이익을 접하면 (   )를 생각한다.

2 아래 문장을 읽고 맞으면 ○, 틀리면 × 표시를 해 보세요.

❶ 생각과 배움은 함께 하는 것이라서 배우고 생각하면 앎이 굳건해진다. (   )
❷ 진리는 생각만 해서 찾을 수 있다. (   )
❸ 타고난 능력과 재주가 있으면 공부를 저절로 잘할 수 있다. (   )
❹ 힘들고 재미없는 공부도 꾸준히 열심히 하면 누구라도 잘할 수 있다. (   )

정답

1 진실, 정의
❶ ○ ❷ ×
❸ × ❹ ○

3 공자는 남에게 지기 싫어하는 제자 자로에게 다음과 같이 충고해요. 공자가 한 말의 의미는 무엇일까요?
(   )

> 자로야, 너에게 안다는 것을 가르쳐 주마. 무엇을 알면 안다고 하고, 모르면 모른다고 하는 것이 진정 아는 것이다.

❶ 모르는 것을 배워서 익히라는 의미
❷ 모르는 것을 가르쳐 주겠다는 의미
❸ 자신의 마음을 속이지 않는 솔직한 태도가 진정한 앎이란 의미

정답

❸ 자신의 마음을 속이지 않는 솔직한 태도
가 진정한 앎이란 의미

세 사람이 갈 때 반드시 내 스승이 있으니,
어진 것을 가리어 좇고, 어질지 아니한 것은 고쳐야 한다.
— 『논어』, 「술이」

좋은 친구란 무엇일까?

치사하게 자기 생일 파티에 친구들을 골라서
초대하는 영호.
뭐 꼭 맛있는 걸 먹고 싶어서가 아니라
같은 반 친구로서 서운하다 그거지.
과연 참된 친구란 뭘까?

영호의 생일 초대

여름 방학이 다가오고 있었다. 친구들을 만나 노는 것은 재미있지만 더운 것은 괴롭다. 에어컨이 있어도 전기 요금 때문에 켜 두지 못해 교실은 더웠다. 바람도 불지 않아 땀이 줄줄 흐를 때는 어서 방학이 되기를 손꼽아 기다릴 지경이었다. 아, 선풍기 바람 쐬면서 시원한 돗자리 바닥에 누워 있고 싶은 마음 간절하다.

방학이 얼마 남지 않은 어느 날, 영호가 생일 초대장을 나누어 주었다. 영호네 부모님은 두 분 다 일을 하시기 때문에 학원에 다녀온 오후 시간에는 영호 혼자 있다고 했다. 그래서인지 영호네 집에 자주 놀러 가는 친구들이 몇 있었다. 집에 부모님이 안 계시니까 녀석들은 거의 컴퓨터 게임을 하면서 논다고 했다. 하도 많이 해서 이제는 게임 고수가 되었단다. 웬만한 게임은 시시해서 재미없다고 자랑할 정도로 영호 일당은 게임을 지나치게 많이 했다.

영호가 초대장을 준 친구들 역시 같은 무리였다. 영호 집에서 자주 모이는 게임 친구 말이다. 거기에 영호가 좋아하는 수연이와 몇 명을 더 불렀다.

영호와 별로 친하지 않았던 우리는 생일 초대에서 당연히 제외됐다.

영호 집과 가까운 곳에 사는 오건이가 지나가는 말처럼 영호에게 물었다.

"야, 그래도 너와 나는 이웃사촌인데, 이렇게 사촌을 멀리해도 되는 거냐?"

"집이 가까우면 뭐 해. 너랑 나는 코드가 안 맞는데."

영호의 빈정거리는 듯한 말투에 오건이가 발끈했다.

"나는 뭐 네가 맘에 드는 줄 아냐? 야, 치사하다 치사해. 누가 뭐 생일잔치 가고 싶대?"

바깥일 때문에 영호를 잘 챙겨 주지 못하는 영호 엄마는 생일잔치만큼은 성대하게 치러 주고 싶다고 꽤 좋은 식당으로 점심 초대를 하셨다. 나도 한 번쯤은 먹어 보고 싶었던 뷔페였는데……. 돈가스와 스파게티, 이름도 들어 보지 못한 양식 요리까지, 엄청 맛있는 음식들을 실컷 먹을 수 있다고 했다. 사실 나도 영호와 친해서가 아니라 그 식당에 가고 싶은 마음에 생일잔치에 초대받길 내심 바랐다. 오건이도 그런 마음에서 괜히 한번 물어본 것이었을 게다.

"그래, 그러니까 넌 오지 마."

"씨, 안 간다, 안 가. 오라고 해도 안 갈 거다."

영호와 오건이의 말싸움이 점점 더 격해졌다. 솔직히 둘의 코드가 다르긴 하다. 평소에도 너무 다른 성격 때문에 어울리지 않을뿐더러 간혹 티격태격 말이 오가기도 했다.

아이들은 키득거리면서 둘의 유치한 말싸움을 지켜보았다. 그때 선생님이 들어오셨다.

"뭐야, 너희들 싸우는 거냐?"

선생님은 평소 우리들이 싸우면 굉장히 엄하게 야단치시기 때문에 영호와 오건이를 쳐다보는 눈빛이 무척 무서웠다.

"아니, 그게 아니고요, 얘가 먼저 시비 걸잖아요."

"누가? 내가 말이야? 야! 네가 먼저 시비 걸었지, 언제 내가 그랬냐?"

선생님이 계시는데도 둘의 말싸움은 계속되었다. 큰일 났다. 선생님이 화나면 진짜 무서운데…….

"누가 얘기 좀 해 봐라. 영호와 오건이가 왜 다투고 있는 거지?"

아이들이 서로 대변자가 되기라도 한 듯 둘의 얘기를 전했다. 친구를 골라서 초대한 영호가 잘못이다, 초대하는 사람 마음인데 그걸 시비 건 오건이가 더 잘못이다, 아이들은 자기 판단까지 덧붙여서 말했다.

아이들의 보고를 다 들어본 선생님이 말씀하셨다.

"흔히 사람들은 편 가르는 것을 좋아한다. 내 편이 있으면 기분이 좋지. 하지만 편 가르는 것은 한쪽으로 치우친 행동일 수 있다. 좋은 일을 위해 편을 가른다면 세상이 좋아지겠지만, 사실 사람들은 대부분 자신의 이익을 위해 편을 나눈다. 공자는 이렇게 편 가르는 자를 '소인'이라고 칭했다. '군자는 두루 사랑하여 패거리를 만들지 않고, 소인은 패거리를 만들어 두루 사랑하지 못한다.'라고 했어. 편을 나누는 것은 기준을 어디에 두느냐가 중요하다. 여러 사람을 사랑하는 데 목표를 두어야지 좁은 마음에 자신의 이익에만 눈이 어두워서는 안 된다. 너희가 그랬던 것처럼 특정인만을

내 편으로 나누는 것도 옳지 못하고, 맛있는 음식을 먹고 싶은 마음에 친구를 그렇게 대하는 것도 옳지 못한 일이야. 너희들 모두 선생님 말뜻을 알겠지?"

　선생님의 판정은 역시 훌륭하다. 전래 동화에 나오는 지혜로운 원님이나 솔로몬도 우리 짱구 박사 선생님을 따르진 못할 것이다. 아이들도 오건이와 영호의 말싸움 덕분에 중요한 진리 하나를 배워 마음에 새기게 되었다.

참된 친구란?

"말이 나온 김에 좋은 친구에 대해 얘기해 볼까? 너희들은 친구가 무엇이라고 생각하니?"

"친구란 같이 노는 동갑내기 아니에요?"

"마음이 맞는 사람이 친구예요."

"나이가 같으면 다 친구라던데……."

"붕우가 친구 아닐까요? 첫날 선생님이 말씀하셨잖아요. 우리는 모두 붕우가 되었다고."

아이들은 저마다 자기 생각을 얘기했다. 우리의 말이 끝나기를 기다려 선생님이 말씀하셨다.

"그래. 너희들이 말한 그런 의미도 있다. 선생님이 말한 친구란 자신과 뜻을 같이하는 사람이란다. 지금 누가 얘기했듯이 책을 펴 놓고 진리를 찾는 붕우가 우리의 참된 친구이다. 서로의 뜻을 소중하게 여기고 그 뜻을 이루기 위해 조금도 흔들리지 않는 끈끈한 사이를 친구 사이라고 한단다. 그런데 그 뜻은 옳은 것에 두어야 한다. 그 뜻이 옳은 것에 있지 않으면 가치가 없어. 옳은 것이란 오래되어도 변하지 않으며 누구에게나 편한 것이다. 또 옳은 것은 정의이고, 정의란 삶의 이치다. 옳은 것은 누구에게나 이롭다. 그러니까 옳은 일을 같이하는 끈끈한 사이가 바로 친구라 할 수 있겠지?"

선생님의 말씀이 조금 길어졌다. 우리에게 친구란 아주 중요한 문제라서 그런가 보다. 또다시 설명이 이어졌다.

"공자는 유익한 벗이 셋, 손해가 되는 벗이 역시 셋 있다고 했다. 곧은 사람, 성실한 사람, 보고 들은 것이 많은 사람은 유익한 벗이고, 치우친 사람, 유순한 사람, 말만 잘하는 사람은 손해가 되는 벗이다."

"유순한 사람이 손해나는 친구라고요? 이상하다, 어른들은 유순한 사람이 되라고 말하던데……."

오건이가 머리를 긁적이며 의아한 듯 물었다. 나도 그 대목이 좀 이상하게 들리긴 했다.

"여기서 유순하다는 것은 겉모습만 의젓하게 보이는 사람을 의미하는 거란다. 아첨이나 하고 말만 잘하는 친구는 좋은 벗이 아니라는 뜻이지. 반대로 곧은 사람은 내게 잘못이 있을 때 지적해 줄 것이고, 성실한 사람은 함께 전진할 수 있을 것이며, 견문이 많은 친구를 사귀면 지식이 날로 넓어질 것이니 유익한 벗이라고 했다. 친구 때문에 방해가 되어 피해를 보는 경우도 있고, 친구 덕분에 훌륭한 일을 한 경우도 있단다. 좋은 친구 사귀기는 그래서 중요한 일이지."

아이들은 서로를 힐끔힐끔 쳐다봤다. 자신이 다른 친구에게 좋은 친구인지, 반대로 나와 친한 아이가 좋은 친구인지 생각해 보는 듯이 말이다.

"공자는 세 사람이 갈 때 반드시 내 스승이 있으니, 어진 것을 가리어 좇고 어질지 아니한 것을 고쳐야 한다고 말했다. 사람이 스스로 스승을 얻을 수 있는 것이 중요하다는 뜻이지. 가는 곳마다 스승이 있을 것이니 내가 마음먹기에 달려 있다. 친구의 좋은 점은 취하고 옳지 못한 점은 따르지 않아야 하겠지? 그런데 친구가 옳지 못한 행동을 할 때 우리는 어떻게 해야 할까?"

"선생님께 말씀드리는 것이 좋을 것 같아요."

"나쁜 친구라고 생각하고 멀리해야 하지 않을까요?"

아이들이 한마디씩 했다. 얼굴 표정들이 자못 심각했다. 자신들이 실제로 겪는 문제라서 그런가 보다.

선생님은 고개를 가로저으며 이렇게 말씀하셨다.

"진심으로 말해 주고 잘 인도하다가 따르지 않으면 그만두어서 스스로를 욕되게 하지 말아야 한다. 친구가 잘못하면 먼저 진심을 가지고 말해야 하겠지. 그렇지만 몇 번 말하고 노력을 다했는데도 들어주지 않으면 그쳐야 한다. 그치지 않으면 듣기를 싫어할 뿐만 아니라 도리어 자기를 비방한다고 생각하여 물리치고 욕됨을 당할 수 있다. 나의 진실을 정성껏 표현하는 것이 무엇보다 중요하지만 충고를 듣지

네 생각은 어때?

영호와 오건이가 생일잔치 초대 문제로 다투자 이를 본 선생님은 아이들에게 '유익한 벗'과 '손해가 되는 벗'에 대해 말씀하셨어요. 선생님이 말한 유익한 벗과 손해가 되는 벗을 적어 보고, 친구를 사귈 때 가장 중요한 것은 무엇인지 생각하고 써 보세요.

▶ 풀이는 196쪽에

않을 때는 그만두어야 좋은 뜻으로 남게 되는 것이다. 또 친구의 나쁜 점을 너무 자주 지적해서도 안 된다. 자주 하면 듣기 싫어할 뿐 아니라 나를 원망하여 사이가 멀어질 수도 있으니까 말이다."

아이들을 보고 말씀하시는 선생님의 표정이 매우 진지했다.

좋은 친구 사귀기

 친구는 그저 친하게 지내는 사람인 줄로만 알았는데 선생님 말씀을 듣다 보니 친구 하기 정말 힘들 것 같다. 아, 친구…… 친구…… 어려운 말이네.
 "너무 어렵게 생각할 것 없다. 간단히 말해서 컴퓨터 게임 하는 것이 잘 통한다고 다 친구가 아니란 말이야. 진심으로 대하고, 옳은 길을 함께 가며, 서로 발전하도록 돕는 친구가 좋은 친구라는 뜻이지. 알겠느냐?"
 너무 어렵다고 생각하는 내 마음을 어떻게 짐작하셨는지 선생님이 간단 명쾌하게 설명하셨다. 아하, 그렇구나. 정말 간단하네. 모여서 컴퓨터 게임이나 하지 말고 공부를 하면 좋은 친구라는 말 아니야? 그렇다면 나쁜 친구 무리는 영호와 함께 몰려다니는 애들 아닌가? 만날 모여서 컴퓨터 게임 하느라 시간을 다 뺏기니까 말이다. 흠…… 영호에게 진심으로 얘기를 해 주어야겠다. 그것이 좋은 친구라고 했으니까. 몇 번 말해서 듣지 않으면 그땐 그만둬야지, 뭐. 선생님 말씀이 그거였으니까.

"한 가지만 더 얘기하마. 곤궁할 때 도와야 참된 친구란다. 무엇이 필요하거나 어려울 때 도와야지 불필요하게 도움을 주면 의미가 없다. 참된 친구란 무엇인가에 대해 교훈을 주는 이야기 하나를 들려주마. 허구한 날 친구들과 흥청망청 어울리던 아들에게 아버지가 죽은 돼지를 자루에 넣어 친구 집을 찾아가게 한 얘기다. 아버지는 '내가 사람을 죽였는데 도와 달라.'라고 했을 때 도움을 주는 친구가 누구인지 알아보게 했다. 아들은 이 친구 저 친구 다 찾아다녔지만 누구도 도와주려고 하지 않았지. 낙담하여 마지막으로 별로 친하게 지내지 않았던 한 친구 집을 찾아갔더니 그 친구는 자기 집으로 어서 들어오라며 진심으로 아들을 도와주었다. 아들은 그제야 진정한 친구의 뜻을 깨달았단다. 같이 노는 것이 즐겁기만 한 친구는 정말 친구가 아니라는 것을 말

이야."

선생님이 전해 주는 옛날 얘기에 아이들은 쏙 빠져들었다. 아, 그런 이야기가 있었구나. 도서실에서 한번 찾아봐야겠다.

"자, 이만하면 친구의 의미와 좋은 친구에 대해 모두들 이해했겠지? 오래 말했더니 목이 아프구나. 영호와 오건이의 문제는 둘이 한번 잘 이야기해 봐라. 알았지?"

말을 마친 선생님은 껄껄 웃으시며 교실 밖으로 나가셨다.

선생님이 나가자마자 영호가 벌떡 일어났다.

"내 생일에 너희들 모두 다 와. 시간 되는 친구들 모두!"

아이들도 기분이 들떠서 영호와 친했던 친구들뿐 아니라 모두 함께 가자고 야단들이다. 같이 어울리면 모두가 친구! 나도 기분이 좋아져서 벌써부터 돈가스 먹을 생각에 입맛을 다셨다.

철학자의 생각

참된 친구란 무엇일까?

친구의 허물을 지적하되, 듣지 않으면 그만둬라

"너 정말 그러면 안 돼. 내 말 좀 들어 봐."

사람들은 친구에게 이런 말을 자주 한다. 그 이유는 친구가 잘못을 저지르는 것이 참으로 걱정되어 그 잘못을 지적해 주고 싶기 때문이다.

그러나 공자의 제자 자유는 아무리 나의 생각이 옳다 하더라도 남의 잘못을 너무 자주 지적하면 안 된다고 말했다. 물론 대통령과 같은 윗사람을 모실 때도 마찬가지다.

"임금을 섬길 때 자주 간하면 욕을 당하고, 벗에게 자주 간하면 멀어지게 된다."(『논어』,「이인」)

임금의 잘못을 지적하는 것이 신하의 도리이고 정의이지만, 몇 번 지적하여 듣지 않으면 마땅히 그만두어야 한다. 구차하게 자주 하면 듣기 싫어할 뿐 아니라 도리어 자기를 비방한다고 하여 물리치고 욕됨을 당할 수 있기 때문이다.

친구를 사귈 때도 마찬가지다. 친구가 허물이 있으면 착한 것으로 책망해야 한다. 착한 것으로 책망하여 행하지 않으면 마땅히 그쳐야지, 구차하고 번거롭게 자주 하면서 그치지 않으면 벗이 반드시 듣기를 싫어할 뿐만 아니라, 끝내는 원망하여 원수가 됨을 면하지 못할 것이다.

이 세상에서 대통령을 섬기고 친구를 사귀는 자는 마땅히 기회를 보아 나의 도리를 다할 뿐, 번거롭게 자주 말해서는 안 된다.

진실한 충고를 할 수 있어야 친구다

공자는 제자 자공이 벗에 대해 묻자 다음과 같이 답했다.

"진심으로 말해 주고 잘 인도하다가 안 되면 그만두어서 스스로를 욕되게 하지 말아야 한다."(『논어』, 「안연」)

친구는 좋은 일을 더불어 하는 서로 돕는 사이다. 착한 것을 권하고 허물을 바로잡을 때도 나의 성실한 마음을 다하여 말해 주되 듣는 사람에게 거슬리지 않도록 해야 한다. 이렇게 해도 친구가 내 말을 잘 들어주지 않을 수 있다.

　허물을 너무 자주 말하면 귀찮아할 것이고 둘의 사이는 반드시 멀어질 것이다. 그러므로 진심으로 몇 번 말하고, 인도하는 노력을 다했는데도 들어주지 않으면, 말하는 것을 그만두어 스스로 욕되게 하지 않는 것이 중요하다. 그러면 친구를 사귀는 의미가 빈틈없게 될 것이다.

　무엇보다 중요한 것은 친구에게 '나의 진실을 정성껏 표현하는 것'이다. 그리고 만일 나의 진실한 충고가 받아들여지지 않으면 충고하는 것을 그만둘 때 좋은 뜻으로 남는다.

즐거운 독서 퀴즈

1 찬호네 반에서 다툼이 일어나자 선생님이 다음과 같이 충고를 해요. 아이들에게 어떤 일이 일어난 걸까요?

> 흔히 사람들은 편 가르는 것을 좋아한다. 내 편이 있으면 기분이 좋지. 하지만 편 가르는 것은 한쪽으로 치우친 행동일 수 있다. 좋은 일을 위해 편을 가른다면 세상이 좋아지겠지만, 사실 사람들은 대부분 자신의 이익을 위해 편을 나눈다. 공자는 이렇게 편 가르는 자를 '소인'이라고 칭했다. '군자는 두루 사랑하여 패거리를 만들지 않고, 소인은 패거리를 만들어 두루 사랑하지 못한다.'라고 했어.……너희가 그랬던 것처럼 특정인만을 내 편으로 나누는 것도 옳지 못하고, 맛있는 음식을 먹고 싶은 마음에 친구를 그렇게 대하는 것도 옳지 못한 일이야.

❶ 공부를 하지 않고 서로 어울려 다녀서
❷ 편을 나누는 스포츠를 하면서 싸움이 일어나서
❸ 영호가 생일날 친한 친구들만 초대하니까 오건이가 샘이 나서

 정답

❸ 영호가 생일날 친한 친구들만 초대하니까 오건이가 샘이 나서

2 공자는 유익한 벗이 셋, 손해가 되는 벗이 세 종류 있다고 했어요. 각기 해당하는 것에 세 개씩 동그라미 쳐 보세요.

유익한 벗

곧은 사람   유순한 사람
돈이 많은 사람   성실한 사람
보고 들은 것이 많은 사람

손해가 되는 벗

가난한 사람   치우친 사람
유순한 사람   잘생긴 사람
말만 잘하는 사람

정답
- 유익한 벗 – 곧은 사람, 성실한 사람, 보고 들은 것이 많은 사람
- 손해가 되는 벗 – 치우친 사람, 유순한 사람, 말만 잘하는 사람

지금의 효는 부모님의 몸을 잘 봉양하는 것을 말한다.
집에서 기르는 개나 말도 다 먹이기야 하지 않느냐.
그러니 공경하는 마음이 없으면 무엇으로 구별하겠는가?
— 『논어』, 「위정」

효는 사랑을 실천하는 뿌리

짱구 박사 선생님께 진정한 효에 대해 듣고 나서야
내가 얼마나 부모님께 잘못했는지 알게 됐어.
내가 뭘 그렇게 잘못한 거냐고?
궁금하면 짱구 박사 선생님이 강조하시는
효에 대해 함께 들어 보자고.

경주에서 뭉친 세 친구

야호! 드디어 내일이 방학이다. 복습이 중요하다는 얘기를 그렇게 들었는데도 우리는 학기말 고사가 끝난 뒤 어김없이 나태해졌다. 더위에 지치기도 하고, 방학 전에는 시험이 없다는 생각에 게을러졌다.

나는 방학을 해도 딱히 할 일은 없었지만 그냥 방학이라는 것만으로도 신이 났다. 방학 하면 시골 친구 기태나 보러 갈까? 녀석, 내가 간다고 하면 정말 좋아할 텐데. 아! 보고 싶다.

점심을 먹고 우리는 마귀 손 벤치에 모여 앉았다. 벤치 주위로 푸른 잎이 가득 덮여 시원한 그늘이 생겼다. 봄에 피었던 등꽃도 정말 예뻤는데, 꽃이 떨어지고 난 뒤 잎이 지붕을 덮은 것도 보기 좋았다. 우리는 이제 곧 맞이하게 될 방학을 화제로 들뜬 얘기들을 나눴다.

"나는 부모님이랑 농가 체험 캠프에 다녀올 거야. 우리 아빠가 인터넷으로 예약했는데 휴가 날짜 맞춰서 같이 가려고. 엄마 아빠 고향이 농촌이라 농촌에 가는 걸 좋아하시거든. 나도 전에 간 적 있었는데 진짜 재밌다."

오건이의 자랑에 갑자기 기태가 울상을 지으며 말했다.

"뭐? 방학 때 농촌으로 이사 간다고? 아무리 농촌이 재밌어도 여기서 우리랑 살자, 응?"

기태의 엉뚱한 대답은 여전하다.

"어휴, 답답해서 미치겠다. 누가 이사 간대? 농촌 캠프에 간단 말이다."

"아, 캠프? 난 또 네가 전학이라도 간다는 줄 알고 깜짝 놀랐잖아."

면박을 자주 들어도 역시 기태는 오건이밖에 없다니까. 오건이랑 헤어질까 봐 놀라는 저 얼굴이라니.

"농가 체험 프로그램에 참여하면 오이랑 토마토도 따고, 밤에 수박을 쓱쓱 잘라서 먹는 건 또 얼마나 맛있다고. 별도 진짜 많아. 꼭 우주에서 잠자는 기분이 들어."

나는 태어나면서부터 늘 해 왔던 일이었는데. 수박을 잘라 먹는 건 나도 좋아하지만 오이나 토마토 따는 일은 허리도 아프고 힘도 많이 들어서 별로다. 오건이는 몇 번 해 보지 않아서 재미있는 일이라고 말하는 것이겠지.

"농가 체험 좋지. 나도 시골에 살 땐 매일 그렇게 놀았는데. 밤에 친구들하고 몰래 수박 밭에 가서 잘 익은 것으로 한 통 따다가 큰 돌로 쪼개 먹는 맛이란……아!"

시골에서 살던 때가 생각나서 나도 모르게 기분이 들떴다. 그때 오건이가 갑자기 물었다.

"참, 네가 전에 살던 곳이 경주라고 그러지 않았냐? 우리도 경주로 갈 건데. 거기에 해마다 농가 캠프를 하는 집이 있거든. 어쩌면 네가 살았던 동네일지도 모르겠다."

"정말이야? 와! 나도 이번에 경주에 갈 생각인데 같이 가면 좋겠다."

나는 흥분해서 오건이와 시간 가는 줄 모르고 떠들었다.

옆에서 기태가 한마디를 불쑥했다.

"치, 너희들끼리만 그렇게 좋으냐? 경주인지 뭔지, 나만 빼고!"

경주 애기로 우리끼리만 떠들어서 기태가 섭섭했나 보다.

"그러지 말고, 기태야, 너도 같이 가자. 내가 살던 시골에 너와 이름이 똑같은 기태라는 친구가 있는데 부모님도 굉장히 좋으셔. 또 다른 기태가 온다면 아주 반가워하실 거야."

기태의 눈이 빛났다. 오건이는 부모님과 함께 내려가더라도 우리랑 만나서 같이 놀겠다며 벌써부터 신이 났다.

종이 울리는 줄도 모르고 얘기가 길어지던 우리는 아차 싶어, 후다닥 교실로 뛰어 들어갔다.

허둥지둥 자리에 앉아 숨을 헉헉거리고 있는데 선생님이 들어오셨다. 방학 동안 신나게 놀 생각에 너무 들떴다.

"내일이 방학이지?"

"네!"

아이들은 어느 때보다도 큰 소리로 합창했다.

"녀석들, 목소리 한번 기운차구나. 그렇게 좋으냐?"

"그럼요! 전 아침에 일어나는 게 정말 힘들어요. 방학 동안 실컷 자야지."

영호가 당당하게 말했다. 그런 건 좀 말 안 해도 좋을 텐데……. 참, 영호와는 생일잔치 사건 이후로 많이 친해졌다. 서먹하던 다른 아이들까지도 그날 일을 계기로 사이가 가까워졌으니까.

영호 엄마는 우리 모두를 반갑게 맞아 주셨다.

"선생님이 부지런히, 열심히, 진리를 알아 가는 일에 힘써야 한다고 여러 번 말했던 것 같은데?"

선생님 말씀에 영호가 아차 싶었는지 얼른 둘러말했다.

"아니에요, 선생님. 방학 때는 더 일찍 일어나서 책도 읽고 공부도 더 열심히 할 계획을 세우고 있는 중이에요."

선생님은 영호의 말을 정말 믿으시는 건지, 그럴 줄 알았다고 하셨다.

"방학 전에 선생님이 이 말만은 여러분에게 꼭 하고 싶구나. 자, 따라 해 보자, 부모님께 효도를 다하자!"

오늘이 마지막 수업이라고 생각해선지 대답하는 소리가 다른 날보다 한층 씩씩했다.

효도를 다하라

"아무런 이유 없이 베푸는 사랑이야말로 참된 사랑이다. 그런 참된 사랑을 어디에서 볼 수 있을까? 멀리서 찾으려 하지 말고 여러분 집에서 한번 찾아볼까?"

아이들은 무언가를 곰곰 생각하는 표정을 지었다.

"그것은 바로 어머니가 우리에게 조건 없이 베풀어 주시는 사랑이다."

엄마 얘기가 나오자 아이들의 얼굴이 자못 심각해졌다. 모두들 집에 계시는 엄마를 생각하는 모양이었다.

"맹무백이라는 사람이 공자에게 효도에 대해 물었다. 그러자 공자는 '부모는 오직 자식이 병들까 근심하신다.'라고 답했다. 이 말은 무슨 뜻일까?"

아이들은 전혀 모르겠다는 듯이 어리둥절한 표정이 되었다.

"자식이 건강하면 그것이 바로 효도라는 말이다. 아주 쉽지? 사람들은 효도에 대해 늘 말하지만 효도가 이렇게 쉬운 것인 줄 잘 모른단다. 그렇지만 이것처럼 중요한 것도 없다. 부모에게는 자식이 아픈 것만큼 힘든 일은 없기 때문이다."

우리 엄마도 집에 들어오시기만 하면 제일 먼저 밥은 잘 먹었느냐고 물어보신다. 혹시라도 내가 엄마가 없는 사이에 굶기라도 할까 봐 늘 걱정하신다.

나는 매일 듣는 그 말이 귀찮고 지겨웠는데, 자식을 생각하는 엄마의 마음은 그런 것인가 보다. 엄마께 퉁명스럽게 대답했던 순간이 떠올라 괜히 눈이 아렸다.

"부모님이 계시면 멀리 놀러 가지 말고 놀러 가더라도 가는 방향을 말씀드려야 한다. 요즘에야 전화가 있어서 연락하기 쉽지만, 전화도 없던 그 옛날엔 걱정하는 부모님을 위해 나의 안부를 항상 알리는 것이 효도였다. 그렇지만 지금도 이 말은 틀린 것이 아니다. 부모님 몰래 멀리 가지 말고, 항상 어디 있는지 알려야 한다. 이것이 부모님께 효도하는 길이다. 알겠니?"

"네."

아이들은 평소와 다르게 장난기 빠진 진지한 소리로 대답했다.

공부를 잘해서 시험 점수를 잘 받는 것만 효도인 줄 알았는데, 선생님 말씀을 들으니 생각보다 효도가 쉬운 것 같다. 아프지 않고, 내가 있는 곳을 항상 알리는 것도 효도라니 말이다.

아이들의 진지한 얼굴을 살피던 선생님이 칠판에 한자로 효(孝) 자를 쓰셨다.

"이 한자를 보면 늙을 '로' 밑에 아들 '자' 자가 있지? 늙은 부모를 자식이 업어 주는 모양을 나타낸 글자란다. 늙어서 힘없는 부모님을 돌보고 형제간에 우애하는 것은 우리가 기본으로 해야 할 일이다. 어버이를 섬기고 형을 공손하게 맞이하는 사람은 윗사람을 거스르는 일이 거의 없다. 효도는 어진 사람이 실천하는 일 가운데 첫 단계란다. 그러므로 효성스러운 사람은 다른 모든 일도 어질게 처리할 것이다. 가장 가까이 있는 부모 형제도 배려하지 않는 사람이 다른 사람에게인들 베풀 수 있겠니? 그래서 효도와 공손은 사랑을

실천하는 뿌리라고 한단다. 사랑은 곡식의 씨앗과 같고, 효도와 공손은 그 씨에서 나오는 싹과 같은 것이다."

그렇구나. 짱구 박사 선생님께 늘 듣던 어짊과 예의, 그리고 사랑하는 마음은 어려운 것이 아니라 바로 우리 집에서부터 시작하는 것이구나.

하긴 누나에게 함부로 대하고 엄마에게 투덜대면서 남에게 잘하는 것이 무슨 의미가 있을까? 가장 가까운 사람부터 사랑해야지. 이런 생각을 하다 보니 엄마 아빠, 누나 얼굴이 차례로 떠올랐다.

부모님이 잘못하시면?

"선생님, 그게 다인가요? 효도를 표현하기 위한 예의가 따로 있을 것 같은데요."

골똘히 생각하는 얼굴로 조용히 있던 은진이가 선생님께 물었다.

"은진이가 좋은 질문을 했구나. 옛날에 공자의 제자 자하가 효에 대해 묻자 공자는 '얼굴빛을 부드럽게 하는 것이 어렵다. 부모에게 일이 있으면 아우나 자식이 그 수고로움을 대신하고, 술이나 밥이 있으면 어른 먼저 잡수시게 하는 것, 이것만 가지고 효라고 한 적은 없다.'라고 답했다. 자하는 정직한 사람이라 얼굴빛을 부드럽게 하지 못할 때가 많아서 마음속의 감정이 그대로 잘 드러났다는구나. 그래서 공자는 자하에게 이 같은 말을 한 거란다. 부모님께 무엇을 해드리는 것은 어려운 일이 아니다. 마음에서 우러나올 때 진정 효도가 되는 것이다. 그런 의미에서 얼굴빛을 부드럽게 하라고 충고한 거란다."

얼굴빛을 부드럽게 하는 것이 가장 어려운 일이라는 것은 정말 맞는 말이다. 나도 부모님이 심부름을 시키면 마지못해 하긴 하지만 얼굴은 통통 부어서 내키지 않은 마음을 드러낼 때가 많으니까.

"그런데요, 선생님. 부모님이 도리에 어긋나는 행동을 하면 어떻게 해야 될까요?"

"저희 부모님은 가끔 교통 신호를 지키지 않아요."

"저더러는 남과 싸우지 말라고 강조하시면서도 두 분은 가끔 싸우기도 하세요."

"그럴 땐 아무리 엄마, 아빠라 하더라도 불만이 생기던 걸요."

기태의 솔직한 질문에 여러 친구들이 공감하는 말들을 쏟아냈다.

선생님은 멋쩍게 웃으면서 대답하셨다.

"너희들에게 옳은 일에 대해 늘 말하지만 사실 선생님도 잘못하는 일이 많단다. 사람은 누구나 실수하고 잘못하니까 말이야. 부모님의 잘못이 보이면 어떻게 해야 할까? '부모를 섬길 때는 가만히 그러시면 안 된다고 말씀드려야 하니, 내 뜻을 따라 주지 않으시더라도 또한 공경해서 거슬리지 않게 하며, 수고로워도 원망하지 않아야 한다.' 무슨 뜻인지 알겠니? 부모님의 허물을 보고 잠잠하게 지나치는 것도 자식의 도리가 아니며, 얼굴을 붉히고 탓하는 것도 도리가 아니다. 부드러운 목소리로 조심스럽게 말씀드리고, 말씀드려도 받아들여지지 않으면 더욱 공경스럽고 효성스러운 태도를 보여야 한다. 기분이 좋으실 때를 기다려 다시 말씀드리고, 부모님의 꾸짖음을 받더라도 원망하는 일이 없어야 한다. 이렇게 자식의 도리를 다해서 말씀드리면 부모님도 잘못을 고치시겠지?"

실천하기 쉽지 않은 선생님의 충고에 아이들은 조금 난처한 표정들을 지어 보였다. 그래도 선생님은 말씀을 이어 가셨다.

"이런 방법으로 부모님을 사랑해야 한다."

이건 좀 실천하기 어려울 것 같다. 내가 잘못한 일로 야단맞을 때도 엄마가 원망스럽고 기분이 상하는데, 부모님이 잘못하신 걸 말씀드리다가 혼이 난다면? 더 속상할 것 같다. 게다가 부모님의 그런 모습에 대해 실망도 할 테니까 말이다. 그렇지만 노력은 해 봐야겠다. 엄마나 아빠도 평범한 사람이니까 어쩜 실수하는 건 당연한 일일지도 몰라. 다음번에 엄마가 만약 무단 횡단을 하면 목소리를 부드럽게 해서 말씀드려야겠다.

네 생각은 어때?

선생님은 여름방학을 맞아 놀 생각만 하고 있는 아이들에게 '효'에 대해 말씀하셨어요. 효란 무엇이며, 지금 자신의 위치에서 부모님께 할 수 있는 효에는 어떤 것이 있을지 구체적으로 적어 보세요.

▶풀이는 197쪽에

엄마 아빠 사랑해요

　선생님의 말씀이 끝나자 우리들은 사물함의 물건들을 가방에 챙겨 넣었다. 내일은 방학식! 무거운 가방 메고 학교 오는 일은 당분간 쉰다.
　나는 기태, 오건이와 함께 시골로 놀러 갈 계획을 세우면서 교문 밖으로 걸어 나왔다. 냇가에서 물고기도 잡고 물놀이도 하며 신나게 놀자고 말하는 우리들의 마음은 이미 경주에 가 있었다. 아, 기대된다. 나의 여름방학!
　교문 앞 문방구에선 엄마가 분주히 아이들을 상대로 떡볶이를 팔고 계셨다. 한 학기가 다 가도록 나는 길을 돌아서 다녔다. 그런데 오늘 따라 유난히 엄마의 모습이 찡하게 다가왔다. 효에 대한 말을 들어서 그런가? 가장 친한 친구들 앞에서도 부모님을 모른 체하다니, 나는 정말 나쁜 아들인 것 같다.

그때 오건이가 팔을 툭 치면서 말했다.

"저팔계, 우리 오늘은 떡볶이 먹고 가자. 너 여기서 한 번도 안 먹어 봤지? 진짜 맛있어. 만날 그냥 가고……. 오늘은 마지막 날이니까 꼭 먹고 가자."

"으응…… 글쎄, 난 그냥……."

다른 날보다 더 들떠서 그랬는지 오건이의 목소리가 커졌다. 저팔계라고 부르는 소리를 들었을까, 순간 엄마의 눈과 내 눈이 마주쳤다. 죄 지은 사람처럼 얼굴이 화끈거렸다.

그래! 오늘은 떡볶이를 먹자. 부모님은 나를 자랑스러워하시는데 나는 부모님을 부끄럽게 여기다니, 이건 정말 잘못하는 것이다.

"좋아. 먹자."

우리 셋은 문방구로 향했다.

"엄마, 제 친구 기태랑 오건이에요. 애들아, 인사해. 우리 엄마야."

내 말에 오건이와 기태의 작은 눈이 휘둥그레졌다.

"뭐? 이분이 네 엄마라고?"

"야, 인마, 그런 말을 왜 여태껏 안 했냐?"

두 녀석은 과학실 귀신이라도 본 것처럼 깜짝 놀라며 다투어 물었다.

"미안해. 일부러 말하지 않은 건 아니야. 너희들이 만날 가게에 와서 떡볶이 더 달라고 귀찮게 조를까 봐 말하지 않은 것뿐이야. 히히."

엄마 아빠를 피해 다녔다고는 말할 수 없어서 대충 둘러댔다. 오건이는 치사한 녀석이라며 나를 콕콕 찔렀고, 기태는 떡볶이를 더 많이 얻어먹을 수 있겠다며 좋아했다.

엄마는 접시 가득 흘러넘치도록 떡볶이를 담아 주시면서 많이 먹으라고 하셨다. 문방구를 늘 피해 다니는 내 행동에 대해 서운할 법도 한데, 엄마는 한 번도 그런 내색을 하지 않으셨다. 얼굴 가득 미소를 지으며 "우리 저팔계와 친하게들 지내라."라고 말씀하시면서 계란과 어묵까지 듬뿍 얹어 주셨다.

마침 가게 안에서 학용품을 정리하고 계시던 아빠도 내 목소리를 듣고 나오셨다.

"허허, 우리 찬호 친구들인 모양이구나. 어서 오너라. 천

천히 많이 먹으렴."

그동안 마음과 달리 친구들에게 떳떳하게 부모님이라고 말하지 못한 것에 대한 죄송스러움에 목이 메었다. 언제쯤이면 한없이 높고 깊은 부모님 사랑을 다 헤아릴 수 있을까? 어서 빨리 커서 효도해야 할 텐데.

나는 괜히 눈물이 날 것 같아 눈에 힘을 꽉 주며 마음속으로 말했다.

'엄마 아빠, 사랑해요.'

나의 결심

여기는 경주다.

나의 시골 친구 기태네 집에서 서울 친구 기태와 같이 노는 중이다. 기태는 기태를 만나 아주 좋아했다. 사오정인 것 말고는 나무랄 데 없이 좋은 친구이니, 시골 친구 기태도 좋아하는 것이 당연했다.

어제는 오건이와 만나 냇가에 가서 신나게 놀았다. 나는 오랜만에 돌멩이를 들춰 내어 가재를 잡았다. 재빨리 도망가는 가재를 잡으려면 기술도 필요하지만 무엇보다 중요한 것은 동물적 감각이다. 그런데 아직 내 솜씨는 녹슬지 않은 모양이다. 어느 곳의 돌을 들춰야 가재가 있는지 본능적으로 알아차리고 귀신같이 맞히니 말이다.

　이렇게 노는 것에 열중하다 보니 시간이 금세 지나갔다. 기태네 집에서 더 놀고 싶었지만 하루 종일 일하시느라 힘드신 기태 부모님을 귀찮게 하는 것 같아 내일은 집으로 갈 참이다. 남을 먼저 배려하는 마음, 어짊, 사랑, 그리고 진리에 대해 귀가 닳도록 배웠으니, 우리 생각만 하고 다른 사람을 힘들게 하면 안 된다는 것도 안다. 물론 시골 친구 기태는 우리가 떠나는 걸 매우 아쉬워했다.

　우리가 짱구 박사 선생님께 많이 배우긴 한 모양이다. 오랜만에 뵌 마을의 어른들께 "찬호가 아주 어른스러워졌구나." 하는 칭찬을 많이 들었으니 말이다. 오건이와 기태도 깍쟁이 서울 아이답지 않게 예의가 바르다는 소리를 들었다.

　'남을 먼저 생각한다.' 이것 하나만으로도 칭찬받을 일이 많이 생겼다. 남에게 먼저 베풀면 우리 마음도 기쁘고 뿌듯하다. 내가 생각해도 정신 연령이 열 살은 높아진 것 같다. 처음 서울로 이사 갈 땐 내키지 않고 서운했지만, 전학 와서 짱구 박사 선생님을 만난 건 행운이다.

　나도 어른이 되면 선생님처럼 학생들에게 좋은 가르침을 주고 싶다. 내가 변한 것처럼 다른 아이들도 좋은 길로 가도록 이끌어 주고 싶다는 바람이 생긴다. 그러자면 흠, 열심히 공부하는 것이 우선이겠다.

 만약 선생님이 되면 아이들이 나를 저팔계 선생님이라고 부르겠지? 더 좋은 별명으로 불리려면 몸무게도 관리해야겠다. 살이 약간 빠지긴 했지만 아직도 빼야 할 살이 아주 많다. 방학 동안 운동해야지.

 참, 내일 아침 기태네 밭에서 오이를 딴다고 하기에 우리 모두 돕기로 했다. 그리고 오후에는 버스를 타고 집으로 떠날 것이다. 며칠밖에 되지 않았지만 엄마 아빠가 보고 싶다. 집에 가면 얼굴빛을 부드럽게 해서 부모님을 뵈어야지. 그리고 문방구 일도 도와드리고. 물론 공부를 열심히 하겠다는 결심도 꼭 지킬 것이다.

철학자의 생각

공자의 제자 자로의 효심

부모 봉양을 위해 쌀 포대를 지고 백 리 길을 걸어온 효심

공자가 일흔 살이 되던 무렵에 공자보다 먼저 죽은 제자들이 있었는데, 안회와 자로였다. 공자가 가장 아끼는 제자가 안회였다면, 가장 친하게 지낸 제자는 자로였다. 그만큼 두 제자의 죽음에 공자는 가슴 아파했다. 안회는 가난하게 살면서도 지조를 지킨 제자였고, 자로는 무모하게 용맹스러워 비참한 최후를 맞았다.

공자는 자로 생전에 자로의 지나친 용맹스러움이 걱정스러워 넌지시 가르침을 주었다. 그러나 자로는 늘 안회만 칭찬하는 스승에게 서운한 마음이 컸다. 그래서 자신의 용맹스러움을 공자에게 인정받고자 무척 애썼다.

어느 날 자로가 공자에게 물었다.

"스승님, 만약 삼군을 거느리신다면 누구와 함께하시겠습니까?"

삼군은 상군, 중군, 그리고 하군을 말하는데, 큰 나라의 군대 규모이다. 1군은 1만 2500명으로 매우 큰 군대이다. 자로는 군대를 거느리는 일이라면, 스승님이 용기 있는 자신과 함께할 거라고 내심 생각했다. 여기서 자로의 평소 잘못된 생각이 드러났다.

그러자 공자는 매우 불쾌한 듯 말했다.

"호랑이와 같이 무서운 것을 맨주먹으로 치며, 깊은 강을 맨발로 걸어가는 사람과는 함께할 수 없지 않겠느냐?"(『논어』,「술이」)

공자는 마음은 아프지만 자로의 단점을 고쳐 주기 위해 이같이 말했다.

『논어』에는 자로가 공자에게 질문하는 내용이 매우 많이 나온다. 자로는 공자의 제자 가운데 가장 많은 질문을 했다. 자로는 뒤에 위나라 영공의 후계자 싸움에 말려들어 무모한 용기를 부리다 칼에 맞아 비참한 최후를 맞았다.

이런 자로의 효성스러움은 눈물겨울 정도로 극진했다. 부모님께 맛있는 밥을 해 드리기 위해 백 리나 떨어진 곳까지 걸어가 쌀을 지게에 지고 오느라 발이 닳을 정도였다.

어느 날 자로가 공자에게 물었다.

"무거운 물건을 지고 먼 곳으로 갈 때에는 땅의 좋고 나쁨을 가리지 않고 쉬게 되고, 집이 가난하여 부모님을 모실 때는 봉록이 많고 적음을 가리지 않고 관리가 됩니다. 옛날 제가 부모님을 섬길 때 항상 명아주잎과 콩잎처럼 거친 음식을 대접하다 못해 직접 쌀을 백 리 밖에서 지고 왔습니다. 그러다가 남쪽 초나라에서 벼슬할 때는 수레는 백 대나 되었고, 창고에 쌓아 놓은 쌀이 만 종, 곧 6만 2천 석이나 되었으며, 깔개를 포개 놓고 앉아 솥을 늘어놓고 배부르게 먹었습니다. 하지만 이때는 이미 부모님이 돌아가신 뒤라 명아주잎이나 콩잎을 먹고 직접 쌀을 백 리 밖에서 지고 오는 수고로움을 기꺼이 하고 싶어도 그렇게 할 수 없었습니다. 마른 물고기를 묶어 놓은 것은 어찌하여 썩지 않습니까? 두 양친의 수명은 흰 말이 달려 지나가는 것을 문틈으로 보는 것처럼 순간일 뿐입니다. 선생님, 너무나 아쉽습니다."

자로의 말을 들은 공자는 감탄하여 다음과 같이 말했다.

"자로야, 네가 부모님이 살아 계실 땐 온 힘을 다하여 섬기더니 돌아가신 뒤엔 그리움을 다하는구나!"

즐거운 독서 퀴즈

1 다음 문장을 읽고 공자가 한 말의 의미가 무엇인지 맞혀 보세요. (   )

> 맹무백이라는 사람이 공자에게 효도에 대해 물었다. 그러자 공자는 "부모는 오직 자식이 병들까 근심하신다."라고 답했다.

❶ 자식이 건강하면 그것이 효도라는 의미이다.
❷ 효도가 쉽다는 의미이다.
❸ 효도는 배려하는 마음이라는 의미이다.

정답

❶ 자식이 건강하면 그것이 효도라는 의미이다.

2 孝는 老(늙을 로)와 子(아들 자)가 합쳐진 한자예요. 어떤 의미로 합쳐진 글자일까요? (   )

孝 = 老 + 子

❶ 늙은 부모를 아들이 업어 주는 모양을 나타낸다.
❷ 아들도 언젠가는 늙는다는 것을 표현한다.
❸ 늙은 자식이라는 의미를 나타낸다.

3 찬호는 엄마 아빠가 떡볶이 장사하는 게 창피해서 피해 다녀요. 그러다 결국 친구들을 데리고 엄마가 만드신 떡볶이를 먹으러 가요. 찬호가 마음의 변화를 일으킨 이유를 모두 맞혀 보세요. (   )

❶ 부모님을 항상 공경하는 것이 자식의 도리라는 공자님 말씀에 공감해서
❷ 부모님을 모른 체한 나쁜 아들이라는 생각이 들어서
❸ 떡볶이가 갑자기 먹고 싶어서
❹ 자식 교육 때문에 힘들게 일하시는 부모님의 모습을 보고 찡해서

정답

2 ❶ 늙은 부모를 아들이 업어 주는 모양을 나타낸다.
3 ❶❷❹

네 생각은 어때? 문제 풀이

 '속수지례'란 마른 고기 포 열 개를 묶어서 선생님께 드리고 성심으로 배우겠다는 의미입니다. 공자는, 사람은 나와 남을 즐겁게 하기 위한 임무를 가지고 이 세상에 태어난다고 했습니다. 그리고 그 임무를 실천하기 위해 공부를 하는 것이라고 했습니다.

 의사가 되어 아픈 환자를 고치는 것, 건축가가 되어 편안한 집을 만들어 사람들을 행복하게 하는 것 또한 이 임무를 실천하는 것입니다. 즉 널리 배우고, 자세히 묻고, 조심스레 생각하여 찾은 진리를 실천하여 세상을 이롭게 하는 것이 바른 공부입니다. 또한 '깊은 공부'란 깊이 있고 정확하게 공부하여 사물의 이치와 원리를 터득하는 것을 말합니다.

 83p

　'어짊'이란 나의 욕망을 이겨 내어 예의를 실천하는 것을 말합니다. 어진 사람은 어려운 것을 내가 먼저 하고 이익이 되는 것을 뒤로 미룹니다. 공자는 문을 나서면 큰 손님을 뵐 듯이 조심조심 친절하게 존경하는 마음으로 사람들을 만나며, 항상 공손하고 정겨운 마음으로 대해야 어진 삶을 사는 것이라고 했습니다.

　어짊의 뜻 가운데 가장 중요한 것은 내가 원하지 않는 것을 남에게 베풀지 않는 것입니다. 내가 싫어하는 일은 남도 싫어하는 일이기 때문입니다. 따라서 어짊은 다른 사람을 사랑하고 배려하는 마음이 기본입니다.

　은진이처럼 친구들이 하기 싫어하는 청소를 앞장서서 하는 것, 좋은 것을 양보할 줄 아는 것 등이 모두 어짊을 실천하는 작은 시작입니다.

 106p

　공자는 세상과 우주에는 진리가 있다고 했습니다. 진리는 '도(道)'라고도 하며 세상을 바로 세우는 데 쓰입니다. 그리고 사람은 진리를 세우는 그릇이라고 했습니다. 그래서 사람과 진리는 서로

떨어져 있는 것이 아니며, 사람이 살아가는 데 필요한 방법과 방식을 '도'라고 합니다. 따라서 진리는 허무맹랑한 것이 되어서는 안 됩니다.

　진리는 먼 곳에 있는 것이 아닙니다. 진리를 실천하는 사람은 늘 우리 주변에 있습니다. 나로부터, 내 주변에서부터 진리를 실천할 수 있습니다. 따라서 형제끼리 사랑하고 부모님을 속상하게 하지 않는 것 등은 남을 사랑하는 어짊의 실천이자 진리의 실천입니다.

　공자가 "아는 것을 안다고 하고 모르는 것을 모른다고 말하라."라고 제자에게 충고한 이유는 공자에게 있어 참으로 '안다는 것'은 자기가 알고 있는 것과 알지 못하는 것을 분명하게 구별하여 두 개를 혼동하지 않는 것입니다. 반면, 소크라테스가 "너 자신을 알라."라고 한 것은 소크라테스에게 있어 참으로 '아는 것'은 자신의 무지를 자각하는 것입니다.

　즉 공자의 앎은 박학다식하다고 할 때의 그 박학을 전제로 하는 것이고, 소크라테스의 앎은 박학을 인정하지 않는 것입니다.

소크라테스는 과연 '알고 있다'고 할 때의 '안다는 것'이 도대체 무엇이며, '참으로 아는 것'이라고 할 때의 '참으로'가 무엇인지 의문을 제기합니다. 결국 소크라테스가 추구한 것은 인간의 인식을 초월하는 '진리'를 찾고자 한 것이며, 그렇기 때문에 인간의 인식 밖에 있는 '진리'를 모른다고 대답하는 것이 바로 진리에 한 걸음 다가가는 것이자 앎이었던 것입니다.

이렇듯 공자의 앎은 지식이었던 반면, 소크라테스의 앎은 진리에 한 걸음 다가가는 것, 즉 무지를 자각하는 것이었다고 생각합니다.

133p

❶에서 말하는 앎은 과학적 지식을 뜻합니다. 반면 ❷에서 말하는 앎은 자기 성찰적 앎을 뜻합니다. 둘 다 중요한 앎이지만, 현대 사회에서는 ❷에서 제시한 자기 성찰적 앎이 더 필요하다고 생각합니다. 왜냐하면 현대 문명의 위기는 비판과 반성이 부재할 때 초래되기 때문입니다.

최근에 모 과학자의 비윤리적인 논문 조작으로 전 세계가 떠들썩했습니다. 성과에 대한 조바심 때문인지 논문의 결과를 조작해서 발표함으로써, 촉망받던 과학자가 한순간에 사기꾼으로 전락하고 말았습니다.

이뿐만이 아닙니다. 복제 기술은 분명 과학적 지식이고, 과학자들의 호기심이자 관심의 대상입니다. 그러나 복제 기술에 대한 비판적, 반성적 고찰이 빠진다면 여러 사람들이 우려하는 바와 같이 인간 복제가 현실화될 것입니다. 이는 나아가서 인간의 몸을 언제든 교체할 수 있는 것으로 여기게 되어 생명 경시와 인간 존엄성의 해체를 야기하게 될 것입니다.

이상의 두 예에서 보듯이 과학적 지식보다 더 중요한 것은 바로 자기 성찰적 앎이라고 생각합니다. 자기 성찰적 앎을 통해서 과학적 지식을 바로 활용하고 연구할 수 있도록 감시하고 격려해야 하는 것입니다.

공자는 곧은 사람, 성실한 사람, 보고 들은 것이 많은 사람은 유익하고, 치우친 사람, 유순한 사람, 말만 잘하는 사람은 손해가 된다고 했습니다.

곧은 사람은 친구에게 잘못이 있을 때 지적해 줄 것이고, 성실한 사람은 함께 전진할 수 있을 것이며, 견문이 넓은 친구는 지식을 넓혀 줄 것입니다. 반면 치우친 사람은 사물을 옳게 보지 못할 것이며, 유순한 사람은 자칫 겉모습만 의젓하게 하는 사람일 수 있으며, 말만 잘하는 사람은 아첨만을 일삼을 수 있습니다.

참된 친구란 진심으로 대하고, 옳은 길을 함께 가며, 서로가 발전하는 데 도움을 주는 친구입니다. 또한 곤궁하여 진심으로 도움이 필요할 때 돕는 친구가 진정한 친구입니다.

공자는 세 사람이 길을 갈 때에 반드시 나의 스승이 있다고 했습니다. 스스로 스승을 얻기 위해 어진 것을 가리어 좇고 어질지 아니한 것을 고쳐야 하며, 친구의 좋은 점은 취하고 옳지 못한 점은 따르지 않는 것이 좋은 친구를 얻는 방법입니다.

178p

공자는 효도란 어진 사람이 실천하는 일 가운데 첫 단계라고 했습니다. 효를 바탕으로 할 때 다른 모든 일도 어질게 처리할 수 있다고 했습니다. 남을 배려하는 마음을 가장 가까이에 있는 부모와 형제에게 먼저 하지 않는다면 다른 사람에게도 베풀 수 없을 것입니다. 따라서 효도와 공손은 사랑을 실천하는 뿌리라고도 합니다.

부모님께는 내 몸이 건강한 것, 집을 나가서 행선지를 알리는 것 등의 작은 일들도 모두 효도입니다. 또한 효도를 표현하기 위해서는 예의가 필요한데, 공자는 부모님께 무언가를 해 드리는 것이 중요한 것이 아니라 마음에서 우러나와 부드러운 얼굴빛으로 이야기하는 것이 무엇보다 중요하다고 했습니다. 만약 부모님께 허물이 있다면 그냥 지나치는 것도, 얼굴을 붉히며 탓하는 것도 옳지 않으며, 부드러운 목소리로 조심스럽게 말씀드리고 행여 받아들여지지 않아도 더욱 공경하며 효성스러운 태도를 보여야 합니다.

공자가 들려주는 인 이야기
욕심을 버리고 예의를 실천해요

ⓒ 이명수, 2006

초 판 1쇄 발행일 2006년 2월 14일
개정판 1쇄 발행일 2019년 10월 30일

지은이 이명수
그림 박기종
펴낸이 정은영
편집 최성휘
디자인 안선주
마케팅 이재욱 최금순 한지혜
제작 홍동근

펴낸곳 (주)자음과모음
출판등록 2001년 11월 28일 제2001-000259호
주소 04047 서울시 마포구 양화로6길 49
전화 편집부 (02)324-2347 경영지원부 (02)325-6047
팩스 편집부 (02)324-2348 경영지원부 (02)2648-1311
e-mail jamoteen@jamobook.com

ISBN 978-89-544-4021-9 (73810)

잘못된 책은 구입처에서 교환해드립니다.
저자와의 협의하에 인지는 붙이지 않습니다.

이 도서의 국립중앙도서관 출판예정도서목록(CIP)은 서지정보유통지원시스템
홈페이지(http://seoji.nl.go.kr)와 국가자료공동목록시스템(http://www.nl.go.kr/kolisnet)에서
이용하실 수 있습니다. (CIP제어번호: CIP2019042017)

이 책은 『공자가 들려주는 인 이야기』(2006)의 개정증보판입니다.